KB201841

북한출신 청소년 및 청년들의 기독교 영성 체험 내러티브

남북한 문화비교 총서 15

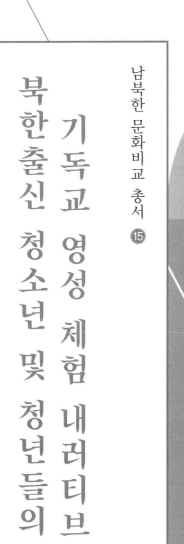

북한출신 청소년 및 청년들의 기독교 영성 체험 내러티브

전주람 | 김은희

한국학술정보

○ 들어가는 글

　남북한 문화비교 연구 총서는 학계에만 국한되어 출간되는 연구물을 대중화할 필요가 있다는 기대에서 기획되었습니다. 2020년 여름, 전주람은 학회지에 생생한 북한이주민의 생생한 증언을 담는 작업을 하고 있었습니다. 그때 한국학술정보출판사에서 연구자들이 그간 학술 지면에 발표한 논문을 단행본으로 엮는 작업을 한다는 광고를 보게 되었습니다. 그래서 한국학술정보 이강임 팀장님과 만나, 딱딱한 북한 관련 총서에서 벗어나 북한이주민의 생생한 증언을 담아내는 방식의 남북한 문화비교 연구 총서를 엮자는 데 의견을 모았습니다. 그동안 대표 저자 전주람은 북한이주민들의 심리 사회적 자원을 시작으로 가족, 건강, 일 세계, 대학 생활, 자기 돌봄과 정체성 등 다양한 주제를 현장 인터뷰 방식으로 연구해 왔습니다. 이러한 내용을 남북한 문화비교 총서로 엮는다면 더 많은 독자가 쉽게 접할 수 있을 것으로 판단했습니다.

　남북한 문화비교 총서는 '일상생활(daily life)'을 주된 연구 영역으로 삼았습니다. 북한이주민의 일상생활을 자세히 살펴보려 했습니다. 이를 통해 북한이주민에 대한 고정된 부정적 편견과 고정관념을 걷어내고, 그들을 새로운 관점으로 바라보는 태도를 보이게 하고자 했습니다. 이 총서는 북한이주민이 누구인지에 대한 인식을 높이는 전환점과 담론을 제공할 것으로 기대됩니다. 남한에서 태어난 국민이 북한이주민에게 쉽게 다가가고 이해할 수 있는 좋은 자료가 될 것입니다. 궁극적으로 향후 남북한의 사회문화적 통합에 중요한 기초 자료로 활용될 수 있을 것이라 기대합니다.

프랑스 철학자 앙리 르페브르(Henri Lefebvre)는 일상생활을 인간의 전체성 관점에서 설명하였습니다. 자세히 살펴보면, 인간은 욕구, 노동, 놀이와 즐거움의 세 가지 차원으로 존재하며, 이 세 요소가 유기적으로 통합될 때 비로소 인간의 참된 모습이 현실화한다고 하였습니다. 즉, 인간이 생존하기 위해서는 모든 물질적·신체적 욕구가 충족되어야 하며, 동시에 이러한 욕구를 충족시키기 위해 일하지 않으면 안 된다고 언급한 것입니다. 일상을 다루는 것은 결국 일상성을 생산하는 사회, 즉 우리가 살고 있는 사회의 성격을 규정짓는 것이므로, 진지한 연구 대상이 되어야 마땅합니다. 일상은 매일 되풀이되며 보잘것없고 지루한 업무의 연속처럼 느껴질 수 있고, 익숙한 사람과 사물의 잦은 마주침으로 가득 차 보일지 모르지만, 중요한 사실은 일상이 바탕에 있어야만 사건이 발생한다는 것입니다. 이처럼 일상생활 연구는 사회 전체에 대한 평가와 개념화를 함축하므로, 일상성을 단순한 개념으로만이 아니라 '사회'를 이해하기 위한 바로미터로서 중요합니다. 따라서 남북한 문화비교 총서에서 북한이주민의 일상생활을 전방위적으로 깊이 탐

색하는 것은 사회문화적 통합 영역뿐만 아니라 실천적으로도 매우 중요한 일이라 할 수 있습니다.

총서 시리즈물의 열다섯 번째인 '북한출신 청소년 및 청년들의 기독교 영성 체험 내러티브' 편은 가족학이라는 학문적 토대에 '북한'이라는 영역을 끌어들인 것입니다. 가족이라는 미시체계 환경을 연구의 기반으로 삼는 전주람, 십여 년 이상 청소년 상담 분야에서 임상 경험을 쌓은 김은희는 북한이주민과 기독교 영성 체험이라는 이슈에 주목했습니다. 일상생활 중에서도 나약한 우리 인간에게 중요한 열쇳말은 '종교'가 아닐까 싶습니다. 따라서 이 개념을 북한이주민에게 적용하면 어떤 내용이 담길지, 고민과 숙의의 과정을 거쳤습니다. 결국 그들의 생생한 언어를 채록하면 독자들이 이 책의 내용을 쉽게 이해할 수 있으리라 판단했습니다.

제1부에서는 북한 사회와 종교에 대해 개괄적으로 설명하였습니다. 또한 최근 북한에서 입남한 몇몇 청년들에게 종교의 개념에 대해 간략히 질문한 내용을 소개하였습니다. 그들의 종교가 가지는 의미를 살펴보았으며, 이는 북한이주민들이 남한에서 더욱 안정적으로 일상을 영위하기를 바라는 마음에서 출발한 것입니다.

제2부에서는 북한출신 청소년 및 청년들의 증언을 통해 기독교가 그들의 삶을 어떻게 변화시켰는지 살펴보았습니다. 기독교 문

화와의 접촉이 그들의 일상과 마음에 어떻게 영향을 미쳤는지, 이를 통해 그들의 비전이 어떤 과정을 거쳐 실현되었으며, 신앙과 믿음이 각자에게 어떤 의미를 지니는지 등 영성 체험에 관한 내용을 살펴보았습니다.

제3부에서는 그리스도인으로 살며 나누는 삶이라는 제목으로 청년들의 포커스 그룹 인터뷰 내용과 통일 토크쇼를 통해 청년들이 인식하는 하나님과 통일 세대를 위해 무엇이 중요한지를 다시 한번 살펴보았습니다.

이상의 결과를 책에 담는 작업은 남한의 일상을 경험하는 그들을 이해하는 것이자, 그들이 속한 사회를 이해하는 것이기도 합니다. 요컨대 〈남북한 문화비교 총서〉는 남북인이 조화롭게 어울릴 수 있는 일상 문화를 찾아나가는 데 중요한 기초 자료가 될 것입니다.

2025년 2월
전주람, 김은희

○ 목차

전주람,
서울시립대학교

제1부

북한이주민과 종교

제1장 북한사회와 종교

2022년 미국 국무부는 종교자유보고서(international religious freedom)를 발표하며 북한의 종교 자유 침해가 심각하다고 전했다. 그러나 북한의 헌법은 종교의 자유를 인정하고 있다. 북한 제헌 헌법 제14조에 따르면 '공민은 신앙 및 종교의식 거행의 자유를 가진다'라고 명시되어 있다.

그러나 북한이주민들의 몇몇 증언에 따르면, 그들은 북한에서 '종교는 마약'이라고 배웠다고 한다. 한 여성 증언자는 종교가 사상을 혼란스럽게 하므로 사상이 부패한다고 배웠다고 밝혔다. 또한 몇몇 증언자들은 북한에서 중국에 다녀온 사람들에게 교회에 갔었는지 묻고, 만약 교회에 갔다고 하면 구타를 당했다고 전해 들었다고 한다. 예를 들어, 교회에 간 대가로 노동단련대에 1개월 동안 보내진 경우를 목격했다고 전했다.

또한 VOA 뉴스의 주일룡 탈북민 증언[1]에 따르면, 그의 고모 시아버지가 기독교인이었다는 이유로 고모의 가족은 모두 정치범 수용소에 들어갔다. 그리고 성경의 복음을 전했다는 이유로 사촌의 가족은 모두 사형당했다고 했다. 그러면서 북한은 제헌 헌법에서

---

1 [VOA 뉴스] "북한 '종교 자유' 거짓…'종교 탄압'" https://www.youtube.com/watch?v=RRRDhMxI9ZI

약속하고 있는 것과는 달리 극악무도한 고문이 자행되고 있으며, 특히 기독교에 대한 탄압이 심각하다고 했다.

〈중학생이 배우는 지도에 표시된 봉수 교회당〉

그러나 최근 일부 증언에 따르면, 중학생들이 배우는 지도에 교회당이 따로 표시된다고 한다. 이러한 점은 북한 사회가 종교를 어느 정도 암암리에 인정하고 있는 것이 아닌가 하는 의문을 불러일으킨다. 한 예로, 평양 봉수교회의 모습은 여느 한국 교회의 모습과 크게 다르지 않아 보인다.

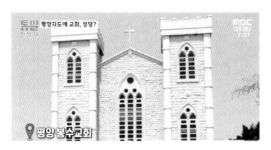

〈평양 봉수교회〉

이러한 교회의 모습은 북한에서도 외관상 드러내지 못했을 뿐, 〈가정예배처소〉 형식으로 진행되어 온 것으로 이해된다. 보통 재미교포 목사님들이 평양을 방문할 때 가정예배를 드리곤 했는데, 최자영 목사가 그 대표적인 인물이다. 그러나 한편으로 북한 사람들은 '종교는 미신', '종교는 마약'이라고 교육받아 왔기 때문에 거부감이 있는 것으로 보인다. 즉, 북한 주민들이 남한과 같이 자유롭게 종교를 선택할 수 있는 인식 변화가 일어나기까지는 시간이 걸릴 것으로 예상된다.

제2장 (북한출신 청년들에게) 종교란 무엇인가?

종교란 무엇인가? 국립국어원 표준국어대사전(2024)에 따르면, 종교(宗敎)란 신이나 초자연적인 절대자 또는 힘에 대한 믿음을 통해 인간 생활의 고뇌를 해결하고 삶의 궁극적인 의미를 추구하는 문화 체계로 정의하고 있다. 종교는 그 대상, 교리, 행사에 따라 여러 가지로 나뉘며, 애니미즘, 토테미즘, 물신 숭배와 같은 초기적 신앙 형태부터 샤머니즘, 다신교, 불교, 기독교, 이슬람교와 같은 세계 종교에 이르기까지 비제도적인 것과 제도적인 것이 존재한다고 설명하고 있다.

하지만 북한 사회에서는 보통 '종교가 없다.'라거나 '종교가 제한된다'라고 말한다. 한 탈북 여성의 증언에 따르면, 아나운서가 한국에 처음 왔을 때 어땠냐고 묻자, 그녀는 "밤거리를 한 번 걸어봤는데 (환하게 켜진 불빛과 야경을 바라보며) 왜 이렇게 쓸데없이 불을 켜두는지 이해가 안 되더라고요. 그러다가 마을을 돌아다니는데 붉은 십자가들이 보이는 거예요. 또 옆 골목을 한 바퀴 돌다 보니까 다시 십자가가 보이고요. 북한은 조선노동당을 중심으로 움직이는데 남한은 교회를 중심으로 돌아가는 것 같더라고요. 초기에는 정말 혼란스러웠어요"라고 말했다.[1]

북한이주민들을 인터뷰하면서 알게 된 사실이다. 일부 북한이주민들은 탈북하기 전 점집을 찾곤 한다고 했다. 이는 무사히 넘

---

[1] 평양 지도에 '성당' '교회당' 북한의 종교 인식 (2023.06.03./통일전망대/MBC) https://www.youtube.com/watch?v=psN1K_aF3Jw

어갈 수 있는 날인지 확인하기 위해서이다. '북한에도 점집이 있구나'라고 흥미롭게 생각하며, 그들에게 절대적인 믿음의 대상이 김일성 일가라고 배우지 않을까, 하는 궁금증이 들었다. 이러한 행위가 어떤 경로를 통해 이루어지는지, 그리고 그들의 마음은 어떨지 궁금해졌다.

또 한 가지 알게 된 사실은 그들이 점을 칠 때 '탈북'이라는 단어를 사용하면 곤란하므로, 모든 돈을 털어 장사를 간다고 하며, 어느 날, 어느 방향으로 가면 좋겠냐고 묻는다는 것이다. 한 여성은 떠나는 날 점쟁이로부터 '언니가 하고 싶은 말을 꼭 하나님께 기도해'라는 조언을 받았다고 했다. 북한에는 동네마다 점집이 아주 많다고 하며, 이는 남북을 떠나 공통의 문화일지도 모르겠다.

여기서는 총 5명의 북한출신 청년들이 '종교'를 어떻게 인식하는지 살펴보기 위해 '종교란 무엇인가?'라는 질문을 개념 위주로 던졌다. 인터뷰는 2024년 4월과 5월에 실시되었으며, 그중 일부를 가명으로 간략히 소개하고자 한다.

1) 절박할 때 붙들 수 있는 거랄까요?

(김민, 2019년 입남, 혜산, 여성, 대학교 재학, 중국어문화 전공)

* 인터뷰어 : 전주람
* 인터뷰이 : 김민(가명)
* 인터뷰 일시 : 2024년 4월 30일

김민 님은 혜산이 고향이십니다. 그녀는 2019년 한국에 입국하였으며, 북한에서 경제적으로 넉넉한 환경에서 성장하셨습니다. 그녀의 어머니는 금을 밀수하셨기 때문에 보통 북한 사람들이 경험하는 생계의 어려움은 겪지 않으셨습니다. 인터뷰 당시 그녀는 서울의 한 대학 중국어문화학과에 재학 중이었고, 미래의 꿈을 펼치기 위해 고민하고 계십니다.

전: 김민 님께서 생각하시는 종교는 무엇인가요? '종교'라는 단어를 들으면 어떤 이미지가 떠오르시나요?

김: 종교요?

전: 네.

김: 신?

전: 아, 신! 좀 더 자세히 어떤 것이 떠오르실까요? 세 가지만 꼽으신다면 무엇이라고 말씀하실 수 있을까요?

김: 음… 종교라면, 신이랑… 믿음?

전: 네, 믿음. 또 어떤 것이 있을까요?

김: 종교… 사람?

전: 오, 그렇군요. 이 세 가지의 단어는 어떤 의미일까요?

김: 종교라고 하면, 일단 '사람'이 아닌 '신'이라는 존재가 있어야 하지 않나요? 뭔가 인간을 초월한 존재. 이걸 인간이 믿음으로써 만들어지는 게 종교라고 생각합니다.

전: 음, 신의 존재를 사람이 믿는 것이라… 그게 종교군요. 그런데 김민 님 같은 경우 지금 종교가 있으시잖아요? 그렇지만 고향에 계실 때는 그렇지 않으셨죠? 김일성과 김정일을 우상화하니까요. 그 당시 그들을 신 같은 존재로 여기지 않으셨나요?

김: 저는 그렇게 느낀 적은 없었습니다.

전: 아, 그래요? 그럼 어떤 느낌이었나요?

김: 저희 집안이 살짝 이상한 집안인지 모르겠는데, 그렇게 생각한 적은 없어요. 혁명 역사 같은 걸 배우잖아요. 그래서 그들은 뛰어난 사람이라고 인식했어요. 롤모델 같은? 신 같은 존재로 생각해 본 적은 없어요.

전: 아, 롤모델 같은 존재군요?

김: 네, 따라 배워야 하는 존재입니다.

전: 음… 따라서 배워야 하는 사람 혹은 대상으로 인식하셨던 거군요. 그러면 신이 들어온 것은 언제쯤인가요?

김: 저는 사실 여기 오는 길에 기독교에서 손을 놓고 왔어요. 그렇게 오면서 성경 공부를 했습니다.

전: 아, 탈북하는 과정에?

김: 네, 그 과정에서 기독교를 만난 거예요. 공부했습니다. 태국에서요.

전: 아, 그런데 그렇게 공부한다고 믿어지는 건 아니잖아요?

김: 그렇죠. 그런데 그런 게 있잖아요. 사람이 엄청 절박할 때. 지금도 신이 정말 존재하나? 그런 생각을 계속하고 있고… 종교를 믿으면 자아 성찰이 정말 잘 됩니다.

전: 아, 진짜요?

김: 스스로 물어보는 시간을 계속 가지니까요.

전: 절박할 때 어떤 확신이 오셨나요?

김: (침묵) 엄마가 저보다 보름 늦게 출발하셨거든요. 그때 제가 정말 엄청 절박하다 보니까, 그때 제가 그랬어요. "난 신이 믿어지지 않는다. 하지만 엄마를 보내주면 믿겠다." 이렇게 기도했어요. 아마 그게 우연일 수도 있겠죠. 그런데 제 생일날 엄마가 넘어오셨어요.

전: 진짜요?

김: 네.

전: 그때 느낌은 어떠셨나요?

김: 와, 뭐지? 이런 생각도 했는데⋯ 종교를 제가 가져서 나쁠 건 없잖아요.

전: 그건 그렇지요. 어떻게 보면 김민 님의 소원이 이뤄진 거잖아요. 물론 우연인지 아닌지는 모르지만⋯ 그 뒤로 믿음이 유지되시나요?

김: 데면데면하죠. 그런데 흔들리진 않아요. 기독교를 다니고 있는데 불교를 믿게 되는 건 없죠. 저는 사실 궁금해서 불교도 가보고 했거든요. 그런데 종교마다 그런 게 있어요. 아, 그렇지, 그렇지 하다가, 뭐지? 이런 게 있어요. 그러니까 완전히 넘어버린 것 같진 않아요. 아직도, 뭐지? 뭐지? 이런 게 있으니까요.

전: 음⋯ 그럼 성경도 읽고 계신가요?

김: 성경을 다 봤어요.

전: 와, 언제 다 보셨나요?

김: 태국에서 5개월 동안 봤어요. 2독 완독했어요. 엄마랑 같이 공부하다 그렇게 됐어요.

전: 왜 그렇게 열심히 보셨나요?

김: 거기서 그렇게 열심히 시켰어요. 종교를 믿는 것도 알아야 믿는다고요. 불교에서 그러잖아요. 자신이 뭘 잘못하면 대가를 치러야 한다고요. 그런 게 기독교에도 있거든요. 그러니까 종교는 같은 것 같아요. 인간을 바르게 살기 위해 만드는 것 같아요.

전: 음…

김: 그런 게 있어요. (탈북자들이) 여기 와서 기독교를 되게 많이 믿거든요.

전: 그건 왜 그런 건가요?

김: 기독교 손으로 오잖아요.

전: 아… 그게 궁금한 거예요. 기독교를 믿는 것 자체보다, 신을 믿지 않다가 신을 믿게 된 거잖아요. 절박한 때에 하나님을 믿게 된 게 은혜인가요? 교회에서는 은혜라고 하잖아요. 그게 은혜라고 하는데, 당사자들에게는 어떤 경험일까요? 어떤 느낌일까요? 왜냐하면 너무나 커다란 거잖아요. 뭐 롤모델이야, 축구 선수가 될 수도 있고 김일성이 될 수도 있잖아요. 그런데 신은 보이지 않는 세계의 무엇을 믿는 거잖아요. 제가 만난 탈북 고향 친구들은 많이 자기도 모르게 '하나님'이라는 단어가 떠올라서 별을 보고 기도했다는 얘기를 하거든요. 물론 성경에 써 있듯이, 인간이 머리로 해석할 수 있는 건 한계가 있다고.

김: 그게 어떤 게 제일 와닿았냐면요? '마음'이 안 보이잖아요? 그런데 되게 중요한 거잖아요. 그런데 '신'도 눈에 안 보입니다. 그러니까 눈에 보이는 게 중요한 게 아니다. '마음'이 안 보인다고 해서 '마음'이 없다고 얘기할 수는 없잖아요. 그러니까 신도 우리 눈에 안 보인다고 '신'이 없다고는 얘기할 수 없는 부분이 있는 거죠. 그런데 엄청 절박할 때 붙잡을 수 있는 무엇이라고 해야 할까요? 대부분 가족이 없잖아요, 북한 사람들이. 그러니까 더 빨리 와닿는 것 같아요.

전: 네. 절박할 때 붙잡을 수 있는 무엇이라…

2) 불안을 잠재울 수 있는 거랄까요?

(이느림, 2014년 입남, 혜산, 여성, 대학교 재학, 사회복지 전공)

* 인터뷰어 : 전주람
* 인터뷰이 : 이느림(가명)
* 인터뷰 일시 : 2024년 4월 30일

이느림 님은 2014년에 한국에 오셨습니다. 그녀에게 한국 적응은 매우 어려웠습니다. 대학 입학을 크게 원하지 않으셨지만, 이모님의 권유로 입학하게 되셨고, 이후 자신의 전공이 적합한지에 대한 의문으로 인터뷰 당시 휴학 중이셨습니다. 현재는 편의점에서 야간 아르바이트를 하고 계십니다. 인생에 큰 욕심이 없고 하루하루 사람들과 웃으며 이야기할 수 있는 일상이면 충분하다고 생각하는 그녀입니다.

전: 종교란 무엇이라고 생각하십니까?

이: 신을 믿느냐, 안 믿느냐의 문제입니다.

전: 당신은 신을 믿으십니까?

이: 네, 그렇습니다. 그런데 항상 '내 마음속에 있다'라는 마음은 아니고요. 제가 행복할 때 하늘에 "하나님 감사합니다."라고 말합니다. 힘들 때는 "이거 꼭 되게 해주세요."라고 기도합니다. 면접하러 갈 때도 그렇고요. 그래서 붙으면 "감사합니다"라고 합니다.

전: 그런데 신은 하나님도 있고, 부처도 있고, 북한에서는 김일성, 김정은이 우상화되어 있고, 또 알라신도 있지 않습니까? 여러 가지가 있는데, 당신이 하나님을 특별히 찾는 이유가 있을까요?

이: 저는 기독교를 다니기도 하고, 그냥 편하니까 부르는 것 같습니다.

전: 아, 교회에 다니시는군요. 그런데 고향에서 어렸을 때는 김일성, 김정일을 신이라고 생각하잖아요.

이: 그렇죠. 그래도 소원 같은 걸 빌 때는 하늘에다 빌어요. 제가 신에게 기도할

때 초상화 앞에서 빌지는 않겠죠.

전: 어렸을 때 고향에서 뭔가 빌었던 경험이 있으신가요? 어떤 걸 빌었던 기억이 나십니까?

이: 하늘에 대고, 한 번만이라도 엄마를 만나게 해달라고…

전: 아, 그렇군요. 그런데 하늘에 대고 빌 때는 대상이 명확하지 않은 느낌이기도 합니다. 지금 '하나님' 하면 대상이 명확하잖아요. 이 둘은 어떤 점이 다를까요?

이: 그건 그런 거죠. 행운이 나에게 오길 바라는 마음으로 부르는 것입니다. 운이 오길 바라는 간절함인 거죠.

전: 하늘에 빌었을 때와 하나님을 찾을 때의 '내게 운이 왔으면 좋겠다'라는 마음은 동일하군요.

이: 그런데 이런 게 있습니다. 친구들이 연예인을 좋아하잖아요. 그런 사람들은 일생에 한 번 볼까 말까 한 사람들이고, 그 사람이 저를 모르잖아요. 저는 그 사람을 알아도, 그 사람에게 그렇게 쏟는 게 맞는지 의문이 드는 거죠. 하나님이 진짜 존재하는지 아닌지도 모르면 주변 사람들에게 더 잘하라는 말도 하잖아요. 그게 맞는 말이긴 한데, 친구한테 전화해서 "내가 오늘 이거 할 건데 꼭 되게 해주세요."라고 말할 수는 없잖아요.

전: 음…… 그럼, 존재하는지 아닌지도 모르는데……

이: 그냥 존재했으면 좋겠어요. 그래서 제 소원을 이뤄줬으면 하는 거죠.

전: 아, 존재하는지 아닌지 확실히 모르지만, 신이 존재해서 당신이 부를 때 항상 거기에 있었으면 좋겠다는 거군요? 그럼 어찌 보면 인간이 이기적인 것 아닌가요?

이: 그렇죠. 인간은 원래 이기적인 동물 아닌가요?

전: 음… 저도 동의합니다. 이기적이라는 점에 대해서. 저도 하나님을 믿지만 몇십 년 동안 대부분 힘들 때만 찾는 것 같거든요.

이: 네.

전: 아, 예전에 당신이 소개해 준 친구 있잖아요. 미용 배우는 친구. 그 친구가 귀신 본 얘기를 해줬거든요? 귀신이라는 게, 신이라는 게 보이지 않는 영이잖아요. 궁금한 게, 당신은 보이지 않는 세계에 대해 믿으십니까? 영의 세계랄까?

이: 저는 있든 없든 모르겠지만, 일단 없었으면 좋겠어요. 죽어서 누군가가 쫓아다니면서 제 사생활을 다 본다고 생각하면 끔찍하잖아요.

전: 아, 진짜요?

이: 괜히 샤워할 때도 신경 쓰일 것 같아요. (웃음)

전: 오, 그러니까 영의 세계가 없었으면 좋겠는데… 그럼에도 당신이 힘들 때는 신을 찾는군요.

이: 네, 웃기죠?! 지옥이 있고 천국이 있다고 하는데, 염라대왕이 있다 하잖아요. 저런 거 되게 싫어해요.

전: 만약 실제로 지옥과 천국이 있다면, 그건 어떻게 될까요?

이: 그러니까 그런 거죠. 불법 같은 건 안 저질렀지만, 제 말 한마디가 누군가에게 칼이 될 수도 있잖아요. 그럼 저는 지옥 갈 것 같아요. 그래서 저는 안 믿고 싶어요. 죽으면 완전 끝! 이랬으면 좋겠어요.

전: 네 소망이군요. 그런데 죽으면 끝이 아닐 수도 있잖아요.

이: 예전에 제 남자 친구가 죽고 나서 계속 제 옆에 있다고 생각했거든요. 그런데 정신 차리고 보니 그가 옆에 있다고 생각하니까 불안한 거예요. 괜히.

전: 느림이가 종교를 어떻게 생각할까 궁금했었어요. 감사합니다.

3) 신? 이런 삶을 살게 된 원인 제공자랄까요?

(이경민, 2018년 입남, 청진, 남성, 대학교 재학하며 매니저)

* 인터뷰 일시 : 2024년 5월 29일
* 인터뷰어 : 전주람
* 인터뷰이 : 이경민(가명)

이경민 님은 2018년 한국에 오셨습니다. 그는 대안학교를 거쳐 대학에 입학하는 데 성공하셨습니다. 하지만 경제적 상황이 학업만 하긴 어려워서 한 회사의 매니저(비서) 역할을 병행하고 계십니다. 그에게 종교란 무엇일까요?

전: 혹시 종교가 있으신가요?

이: 네, 기독교입니다.

전: 하나님이 믿는 대상이시군요. 궁금한 점이 있는데, 이분께서 생각하시는 '종교'란 무엇일까요? 왜 궁금하냐면, 북한에서는 아이들도 김일성을 우상화하지 않는 느낌이거든요. 최근 인터뷰 경험에 따르면 그렇습니다. 물론 제 개인적인 경험이지만, 한 탈북 청년께서는 롤모델 정도라고 말씀하시더라고요. 어쨌든 고향에서는 하나님을 알지 못하셨을 것 아닙니까? 그런데 여기서 눈에 보이지 않는 하나님을 믿고 계신 거잖아요. 그렇죠? 그게 어떤 의미일까 싶습니다. 그분께는 어떤 경험인지 궁금합니다.

이: 뭐랄까, 이렇게 북한에서 한국까지 오고, 한국에서 이런 삶을 살게 된 원인 제공자라고 할까요. 인간적인 커뮤니티도 있겠지만, 어떤 분이 제 인생을 만들어주시는 게 아닐까, 그런 생각을 해봤습니다. 그런데 그분이 누구일까요? 다른 분들이 교회라고 알려주더라고요. 예수님이라고 하니까 예수님인가 보다, 그런 거죠. 지금은 완전히 믿지는 않지만, 힘들 때 기도를 하면 조금이라도 편안한 느낌을 받는 것 같습니다.

전: 그렇군요. 그런데 편안한 느낌을 주는 걸로 치면 사실 절에 가는 게 더 편안할 수도 있지 않나요? 산속의 한적한 곳에.

이: 저는 바다가 더 좋습니다. (웃음)

전: (웃음) 그런데 완전히 믿어지지 않는다고 하셨는데, 그게 무슨 뜻인가요? 믿는 거면 믿는 거고, 아니면 아닌 거지요.

이: 그게 뭐냐면, 뭔가 있긴 하다는 거죠. 예를 들면 제가 운동을 했었어요. 북한에서 축구를 했거든요. 고향에서 축구할 때, 경기장에 나갈 때, 제가 골키퍼였거든요. 경기 시작하기 전에 골대를 옆에 툭툭 쳐주는 거예요.

전: 왜 그렇게 하셨나요?

이: 그래야 오늘 경기가 더 잘되지 않을까, 하는 느낌이 있어서요.

전: 혼자만의 의식인가요?

이: 그렇죠. 그런 느낌입니다. 그걸 안 했을 때 확실히 찝찝함이 있더라고요.

전: 혼자만의 규칙이네요.

이: 맞습니다. 그래서 다른 분들도 중요한 일을 할 때 자기만의 규칙이 있는 거잖아요.

전: 그렇긴 하네요.

이: 그런 것과 비슷하게, 다른 분들이 다 신이 있다고 하니 혹시나 있을까, 해서 한번 믿어보자, 이런 느낌인 거죠.

전: 그런데 왜 종교에는 예수님도 계시고 알라신도 계시고 부처님도 계시고 여러 가지 종류의 신이 있잖아요. 특히 예수님을 선택한 계기가 있으신가요?

이: 창조주라고 하니까요. 창조를 하신 분을 창조주라고 하잖아요. 그런데 부처님은 저희를 창조하지는 않으셨죠.

전: 그러니까 창조주와 피조물의 관계를 믿고 계시는군요. 나를 창조한 분은 하나님이시고, 그러므로 나는 피조물이다. 그래서 고향에서 여기 남한에 온 것도 하나님의 뜻이 있을 것이라고 믿는 거잖아요. 그렇죠? 그게 궁금합니다. 너무 제 궁금증만 물어보는 것 같기도 한데, 혹시 저에 대해 궁금한 점이 있으신가요?

이: 뭐랄까, 이런 인터뷰는 어떻게 하게 되셨나요?

전: 인터뷰에 관한 이야기, 그게 궁금하신가요? 처음 시작은 우연이었습니다. 2014년도부터 북한 연구를 했거든요. 박사를 2012년도에 취득하고 원래 전공이 가족학입니다. 그때 한 복지관 관장님께서 북한이탈주민 사업에 대해 말씀해 주셨습니다. 한 5년 했는데 연구하면서 자료를 보고서로 묶어줄 수 있냐는 제안을 받았어요. 사실 그때는 관심이 없었거든요. 왜냐하면 저는 북한에 가족이 없었고, 잠깐 TV에서 북한 이야기를 들었을 뿐이었습니다. 그러다가 부탁을 받으니까 다시 한번 가보자고 결심했지요. 자료가 무지 많이 쌓였더라고요. 그때 제 시각에서 자료를 뒤지다 보니까 문화가 다르다는 걸 알게 된 것입니다. 연구자로서 호기심이 발동한 거지요. 그렇게 우연히 시작되었습니다. 우연한 기회를 통해. 이것도 신의 섭리일까요?

4) 덩달아 믿었다 할까요? (정숙향, 2018년 입남, 나선, 여성, 간호조무사)

* 인터뷰 일시 : 2024년 5월 29일
* 인터뷰어 : 전주람
* 인터뷰이 : 정숙향(가명)

　숙향은 2018년 한국에 왔습니다. 그녀는 북한에서 호텔업에 종사했으며, 한국에서 교육 과정을 거쳐 현재 한 병원의 간호조무사로 일하고 있습니다. 최근에는 한국에서 태어난 남성과 결혼하여 가정을 꾸렸고, 작은 집에서 신혼생활을 하고 있습니다. 큰 욕심 없이 살고 싶다는 그녀는, 식당에서 음식이 남아도 가져오기보다는 그 자리에 두고 오는 것이 마음이 편하다고 말했습니다. 이러한 신념은 북한에 계신 어머니가 가르쳐주신 가볍게 사는 마음입니다. 그녀에게 종교란 무엇일까요?

전: 숙향 씨께서 생각하시는 종교란 무엇인가요?

정: 사실, 제가 이걸 몇 개월 동안 고민해 왔습니다. 인터넷과 유튜브를 엄청나게 찾아봤거든요. 진짜 종교가 뭘까 싶어서요. 예수님에 대해서도 알아보았고요. 성경 공부를 5개월 하면서 하나님에 대한 존재를 알게 되었습니다. 지금 생각해 보니, 제가 (신의 존재를) 인지만 했지 믿은 건 아니구나, 하는 생각이 드네요. 성경을 가르쳐주시는 분들이 너무 좋고, 그분들이 믿음을 가지고 있어서 저도 덩달아 믿게 된 거죠. 그런데 솔직히 세상에 이런 말을 하면, 하나님이 정말 존재하는지 의문이 들기도 합니다.

전: 아, 이제 몇 년 한국에서 정신없이 살다가 급한 것들이 지나가니까, 정말 하나님이 계시는가, 하는 생각이 드는군요.

정: 네, 맞습니다. 무작정 의심 없이 믿는 사람들이 있는데, 저는 납득이 안 되면 믿어지지 않아요. 그래서 (홈스테이할 때) 자주 그런 이야기를 하더라고요.

전: 그게 지금은 납득이 되나요?

정: 지금도 안 됩니다. 솔직히 신앙은 이해하려고 하지 말라고 하잖아요. 이해하려는 순간 인간의 계산이 들어가기 때문에. 그런데 지금도 하나님을 믿

어서 (교회에) 간다기보다는 그냥 가는 거예요. 가면 분위기가 좋거든요. 사람들이 밝고, 그런 분위기가 좋습니다. 그리고 한국에 온 이후로 교회를 떼어놓고 살아본 적이 거의 없어서, 그냥 그 무리 속에서 사는 거죠. 지금 돌아보면 사람들이 옛날부터 어떤 보이지 않는 절대적 권위자를 만들어낸 게 아닐까, 하는 생각도 듭니다. 제가 이런 걸 알면 (교회 사람들이) 계속 성경 공부를 시키려고 하죠.

전: 그런데 제 눈에는 너무 건강해 보입니다. 제 시각에서 보면, 정신없이 (한국에) 와서 교회 도움을 받아온 거잖아요. 좋은 집단을 만나서 몇 년 살면서 정신을 차리고 보니, 정말 하나님이 계시는가 하는 의문을 품게 된 거죠. 몇몇 청년들의 이야기를 들어보면 고향에서 귀신을 본 얘기도 하던데, 혹시 숙향 씨께는 어떤 영의 세계 경험이 있으신가요? 체험이라고 하잖아요.

정: 저는 솔직히 체험은 없습니다. 그런데 기도를 하면서 확신 같은 건 있어요. 그래서 내가 여기에 왔구나, 뭔가 내가 여기서 할 일이 있어서 하나님이 보냈구나, 하는 생각이 듭니다. 한때는 확신이 있었던 적도 있었죠. 그 확신이 있어서 학교까지 갔는데, 현실은 뭔가 많이 다른 느낌이었어요. 신학교 가는 친구들도 그 확신을 가지고 가는 거잖아요. 저는 정신을 차리고 보니, 하나님이 나를 진짜 인도하셔서 간호사로 세우셨구나, 하는 생각이 들었습니다. 그런데 왜 빈곤한 집에 가서 진짜 치료를 해주면서 이게 신의 뜻인가 생각했는데, 너무 힘드니까 그때부터 생각이 바뀌더라고요.

전: 아, 머리로는 이해했지만, 빈민촌에 가보니 이건 안 되겠다 싶었던 거군요.

정: 그래서 믿음이라는 것은 진짜 정신이 반쯤 나간 분들이 믿는 것 같아요. 그 사람들이 사는 세계는 뭔가 현실이 아니죠?

전: 그렇군요. 솔직한 답변이 너무 좋습니다. 체험하지 않은 걸 체험한 척하는 건 듣기 싫거든요. 인간이기 때문에 (신이 누구인지) 열심히 인터넷을 더 찾아보는 게 아닐까요. 우리가 신이었다면 모든 걸 알고 이해했겠죠. 하지만 우연한 기회에 신을 알게 됐는데, 좀 정신없이 살다 보니 신이 누군지 잘 모르겠다? 이건 너무 인간적이라고 생각합니다. (웃음)

5) 인간의 힘을 초월하는 무언가가 아닐까요?

(김현빈, 코로나 직전 입남, 평양, 남성, 대학교 재학)

* 인터뷰 일시 : 2024년 5월 29일
* 인터뷰어 : 전주람
* 인터뷰이 : 김현빈(가명)

그는 1990년대 초반 평양에서 태어나셨으며, 북한의 고등중학교를 졸업한 후 17세부터 10년간 군복무를 하셨습니다. 이 기간 동안 중동 지역으로 파병되어 북한의 대외무역 건설사업소에서 의사 겸 통역사로 활동하셨고, 중동 지역의 북한 무역 대표의 권유를 받아 그의 수행비서 겸 부대표로 근무하시면서 북한의 계급과 계층에 따른 신분사회의 모순을 직접 경험하셨습니다. 그때 그는 북한 체제에서 희망이 없겠다는 판단을 하고 코로나 직전 한국에 도착하셨습니다.

홀로 한국에 오신 그는 잠깐 정착의 어려움을 겪으면서도 한국 사회에서 자신이 하고자 하는 일에 대한 큰 포부와 꿈을 가지고 계십니다. 인터뷰 당시 그는 대학교에 재학 중이며, 교수자의 길을 걷기 위해 학업에 집중하고 있다고 밝혔습니다. 현재 그는 최고 OO법인에서 인턴으로 일하며 배움의 기회를 얻고 계십니다. 누구보다 침착하고 의연한 태도로 한국 사회의 리더로 나아가기 위해 한 걸음씩 준비하고 계십니다.

전: 혹시 종교가 있으신가요?

김: 기독교입니다.

전: '기독교'는 언제부터 믿게 되신 건가요?

김: 믿게 된 건 아니고…(웃음)

전: 하나님을 믿는 게 아니신가요?! (웃음)

김: 아니요, 믿게 된 건 아닙니다.

전: 믿은 게 아니면 뭐라고 말씀하실 수 있나요?

김: 그냥 다니고 있는 거예요.

전: 아, 그렇군요. 그럼, 왜 여러 종교 중에 하필 기독교를 선택하신 건가요? 종교는 여러 종류가 있을 텐데요.

김: 아는 분들이 있어서 기독교를 택했습니다. 고향 분들이 엄청 많이 챙겨주시고요. 교회에서 챙겨주는 건 아니고, 교회에 다니는 어떤 집사님과 권사님들이 저와 같은 (북한) 출신이거든요.

전: 그분들이 오라고 하셨나요?

김: 네, (교회에) 우리 출신들이 많이 없어요. 그분들 한두 명밖에 없어요. 그런데 엄청 조그마한 교회이고 가족적인 분위기입니다.

전: 권사님과 집사님이 어떤 것들을 챙겨주시나요?

김: 딱히 챙겨준다기보다는 가족적인 분위기를 느끼는 거죠.

전: 아, 그렇군요. 그런데 기독교니까 하나님을 믿으시잖아요.

김: 아! 아니에요.

전: 그러니까 기독교는 그냥 이름뿐이고 소모임이며 가족적인 분위기가 좋아서 가시는 거라고 이해해도 될까요?

김: 물론, 어느 정도는 들을 소리도 있으니까요. 그런데 그렇다고 해서 제가 믿는 건 아니고, 그냥 믿어볼까 말까 하는 상태입니다. 하나님 존재를 확고하게 인지했다는 것은 기독교인들의 말에 의하면 영접할 수도 있다고 하는데, 언젠가 그럴 수도 있겠죠. 하지만 그걸 배제할 수는 없고, 저는 진짜 이 사회에서 살아보고 싶으니까, 인간의 힘이나 상상을 초월하는 무언가를 하고 싶고, 그거에 기대고 싶은 마음도 있습니다. 물론 북한에서도 힘들면 '하나님, 제발 살펴주세요.' 이런 말은 했었죠. 누구나 다 하는 소리니까요. 그런 느낌이에요. 그러니까 마음속에 '나는 (한국에) 부모도 없고…' 이런 게 있으니까, 하늘이 무심하지 않다면 나를 좀 돌봐줘, 라는 그런 느낌입니다.

전: 아, 그렇구나. 그런데 사람을 의지할 수도 있는데 왜 보이지 않는 어떤 신의 존재를 믿으려 하시는 건가요?

김: 사람에 대한 믿음은 영원하지 않거나 나에게 만족을 주지 않으니까요. 그

리고 내 속에 있는 소리를 다 할 수도 없고요. 후배들이나 자식을 교양할 때는 동등한 입장에서 객관적으로 바라보고 의견을 나눠야 한다고 생각합니다. 인간에게 어떤 선배나 윗사람이 대화를 나누다 보면 의견을 주입시키거나 명령하는 경우가 많거든요. 물론 각자의 삶이 다르고 그 사람들이 살았던 세대도 다르기 때문에 주입할 수도 있죠. 그게 정답처럼 강요되는 것을 보면 정말 말이 안 되겠더라고요. 내 속에 있는 소리를 진짜 힘들고 어떤 측면이 있다고 말하고 나서 편안하면 좋은데, 말하고 나서 편하지 않을 때도 있거든요. 그러면 괜히 말했다 싶기도 하고요. 그런 느낌이 있어서 하나님보다는 내 마음속에 있는 나 자신을 믿는 느낌입니다. 저는 그런 것 같아요. 내 마음속에 하나님은 하늘에 있는 게 아니라 내 마음속에 있다고 생각합니다. 나는 나 자신을 믿는 거라고 해야 하나? 약간 애매합니다. 아직은 애매하죠. 그럼에도 불구하고 저는 나만 믿고 가야겠다는 느낌이 분명합니다. 실패를 해도 내 결정에 따라 실패하고 싶고, 성공을 해도 내 결정으로 성공하고 싶습니다. 물론 주변 사람들의 자원이나 이런 걸 무시하는 건 아니고, 들어볼 건 들어봤지만, 제가 보면 주변 사람들의 말에 반응을 많이 해요. 기분 좋은 소리를 들으면 힘이 나지만, 그건 아닌 것 같은데 싶으면 자꾸 고민하게 되더라고요. 지금까지 최종적으로 보면, 제가 했던 선택대로 가고 있습니다. 그 사람들의 조언을 듣고는 근처에서 멈추기만 할 뿐, 나중에 보면 무조건 제가 선택한 길로만 가고 있었어요. 그렇게 살아왔습니다.

전: 그러니까 자기 주관이 중요한 거잖아요. 남의 소리에 가끔 반응은 해도요.

김: 맞습니다. 그래서 그런 필요는 없겠다 싶어요. 물론 조언을 듣고 방향성을 잡을 때도 있지만, 웬만하면 제가 생각한 대로 가고 있습니다.

‖ **참고문헌**

VOA 뉴스(2019). 북한 '종교 자유' 거짓…'종교 탄압'. https://www.
youtube.com/watch?v=RRRDhMxl9ZI

MBC News(2020). 평양 지도에 '성당' '교회당' 북한의 종교 인식.
https://www.youtube.com/watch?v=psN1K_aF3Jw

김은희,
마음 심리상담연구소
소장

제2부

(북한출신 청소년들의
증언으로 살펴보는)
기독교 영성 체험
내러티브

○

청소년 상담을 십여 년 해오다 박사논문 연구 참여자를 탈북청소년에게 맞추게 되었습니다. 고신대학교에 탈북청소년을 위한 대안학교장 맡은 교수님을 만나면서 관심을 가지게 된 것이지요. 기존 연구 자료를 찾고 탈북청소년들을 만나 인터뷰하면서 남북한 문화비교 연구는 학계뿐 아니라 대중화할 필요가 있다는 생각을 한 적이 있었습니다.

연구 과정은 만만치가 않았습니다, 탈북청소년을 만나는 것도 쉽지 않았지만 1차 논문 심사에서 낙방한 후 약 1년간 배회하는 시간이 있었습니다. 연구 방법론 담당 교수님이 전사 자료가 포화 상태에 이르지 못했다고 피드백을 주신 후, 다시 연구 참여자를 찾아 나섰습니다. 이번에도 논문이 낙방하면 차라리 종단 연구를 해보겠다고 결심한 상태였습니다.

고등학생 때 만났던 그들은 이제 대학생이거나 직업인, 또는 부모가 되어 있었습니다. 시대 상황도 많이 변했습니다. 남북 관계는 롤러코스터를 타는 것만 같았습니다. 1차 인터뷰 무렵에는 북한에서 6차 핵실험이 이루어졌으나, 2차 인터뷰 때는 동계 올림픽이 남한에서 개최되며 남북 화합의 모습을 보였습니다. 물론 그 이후로도 남북 관계의 롤러코스터는 계속되고 있습니다. 남북 정세는 급변하지만, 탈북민들의 삶은 계속 이어지고 있습니다.

나의 삶도 계속 흐르고 변화가 있었습니다. 박사논문을 쓸 때 사춘기에 접어든 아들이 지금은 군에 입대하여 전방에 있습니다. 북한이 '오물 쓰레기'를 날릴 때마다 사이렌 소리가 울린다고 하여 아들에게 안부를 묻곤 합니다. 아들이 전역할 때까지 부모로서 남북 정세에 촉각을 곤두세울 수밖에 없습니다.

남북한이나 세계 정세가 어떻든 보편적인 인간의 정서와 자유에 대한 갈망은 시대를 막론하고 간절합니다. 박사논문을 쓴 후 부산 하나센터의 강동완 교수님으로부터 단행본을 써보라는 제안을 여러 차례 받았습니다. 하지만 한 번도 책을 써본 경험이 없었고, 일과 병행하면서 뭔가를 해낼 엄두가 나지 않아 차마 시도를 못했습니다.

올해 초 서울시립대학교의 전주람 교수로부터 메일 한 통을 받고 운명처럼 공저를 써보기로 결심했습니다. 나의 오랜 수고가 의미 있는 자료로 활용된다는 기쁨이 더 컸습니다. 내가 쓴 논문은 개인에 대한 내러티브로 엮여 있습니다. 그들의 이야기를 들으며 '나'라는 개인이 역사 속에서 살아가는 한 실체임을 깨달았습니다. 그들의 내러티브를 들으며 눈물이 쏟아져 인터뷰를 중단하고 울었던 적도 있습니다. 통일은 국가와 국가의 통합이 아니라 개인과 개인의 만남, 문화와 문화의 이어짐 속에서 가능하다는 것을 알게 되었습니다. 그런 의미에서 지금도 통일은 진행되고 있다고 볼 수 있습니다.

우리 민족인 북한 사람들의 삶을 외면하고 과연 우리가 건강하고 행복한 삶을 살 수 있을까요? 그들은 '우리 곁에 찾아온 통일'입니다. 그들이 남한 사회에 정착하게 된 내러티브와 그들의 일상, 특

히 영성 체험에 관한 이야기를 나누고 들려주고자 합니다. 본 논문은 기독교 논총에 기초한 것입니다.[1]

---

1   본 연구는 기독교 교육논총 66집에 수록된 〈기독 탈북청소년의 한국 사회 적응에 관한 내러티브 연구(2021)〉 및 고신대학교 박사학위 논문 〈기독 탈북청소년의 정체감에 관한 내러티브 연구(2018)〉를 기초한 자료로 작성한 것입니다.

제1장 연구 참여자 소개

연구 참여자에 대한 소개는 독자들이 이미지를 가지고 읽어나가는 데 도움이 되도록 기본적인 가족 사항과 발달력, 첫인상 등을 중심으로 기술하였습니다.

우선 연구 참여자들의 선정 기준은 17세에서 24세에 해당하는 후기 청소년을 대상으로 하였으며, 기독교를 접하고 교회에 소속된 연구 참여자들로 선정하였습니다.

본 연구에 최종적으로 참여하게 된 연구 참여자들은 다음과 같습니다. 각 연구 참여자의 정보 보호를 위해 가명을 사용하였으며, 필요한 경우 기본적인 정보를 삭제하였습니다.

〈표 1〉 개인 심층 면담 과정

참여자	일시	횟수	소요시간
설현(*)	2016년 07월 11일	1	92:02
	2017년 11월 13일	2	80:25
	2017년 11월 20일	3	53:32
	2017년 12월 18일	4	60:12
지우(*)	2016년 07월 12일	1	80:00
	2017년 11월 09일	2	51:36
	2018년 02월 02일	3	193:26
	2018년 02월 11일	4	49:09
솔빈(*)	2016년 07월 20일	1	150:00
	2017년 10월 15일	2	75:46
	2017년 10월 19일	3	96:36
	2017년 11월 19일	4	85:15
	2017년 11월 30일	5	74:56
	2018년 02월 11일	6	47:09

참여자	일시	횟수	소요시간
은강	2016년 7월 23일	1	90:00
서연	2016년 9월 11일	2	42:56
	2016년 9월 20일	2	60:05
	2018년 02월 02일	3	193:26
하윤	2016년 9월 11일	2	42:56
	2016년 9월 16일	2	30:05
아영	2016년 9월 11일	2	42:56
	2016년 9월 20일	2	31:02

1) 설현의 내러티브 (20대 초반 여성)

첫 번째 연구 참여자는 설현입니다. 설현은 1남 2녀 중 장녀로, 두만강 접경지대인 양강도 대홍단에서 태어났습니다. 그녀의 고향은 봄에는 밀과 보리가 자라나고 여름에는 백두산 아래 감자꽃이 장관을 이룬다고 합니다. 방풍림으로 둘러싸인 평지에는 감자밭이 펼쳐져 있으며, 들꽃과 메좆이라는 열매도 자생하고 있어 술에 담가 먹거나 설탕에 재어 먹기도 했다고 합니다. 설현은 3년 전인 2013년에 한국에 입국했으며, 연구자가 처음 보았던 곳은 기독교 대안학교인 부산 J 학교였습니다.

설현은 학교의 로고와 글씨체가 새겨진 단정하고 세련된 교복을 입고 있었고, 귀밑 짧은 단발에 웃는 얼굴을 가진 '스무 살의 소녀'라고 자신을 소개했습니다. 대입 검정고시를 통과하고 대학 입시를 준비하고 있는 그녀는 대학 진학을 앞두고 두렵고 떨리는 마음이라고 자신의 심정을 토로했습니다. 가족으로는 엄마가 C시에 계시고, (이후 G시에서 일을 하실 때도 있다고 합니다) 친아빠는 북한에서 돌아가셨으며 현재는 새아빠가 계신다고 합니다. 또한, 나이 차이가 꽤 나는 20대 중후반의 오빠와 같은 학교에 다니는 여동생이 있다고 했습니다.

인터뷰를 준비할 무렵, 동생이 와서 인사를 하고 가는데 연구 참여자보다 키가 크고 쾌활해 보였습니다. 현재 17세 여학생이라고 하는데, 동생은 엄마와 함께 먼저 한국에 와서 성장기를 보냈습니다. 탈북 당시에는 설현이 혼자 왔고, 한국에 들어와서 엄마와 동생을 만나게 되었다고 합니다(그 과정에서 선교사의 도움을 많이 받았다고 합니다). 그녀는 중국을 거쳐 들어왔으며, 2010년에 가족과 헤어졌습니다. 중국에서 사는 동안 가슴을 졸이며 숨어 지내다가 한 차례 북송되어 수용소에서 1년을 지낸 후 다시 탈출하게 되었습니다.

2013년에 한국에서 가족을 만나게 되었는데, 북한에서는 자신보다 체구가 작았던 동생이 한국에서 보니 자신보다 훨씬 많이 자라 있어 너무 어색했고, 처음에는 하마터면 말을 높일 뻔했다고 유쾌하게 웃으며 이야기했습니다.

J 학교의 기숙사 생활은 만만치 않은 규칙을 요구했는데, 아침 7시에 기상하여 갈맷길을 30분 정도 산책하고 돌아오는 것과 경건의 시간으로 하루 일과를 시작하는 것이었습니다. 연구자를 처음 만날 당시, 그녀는 검정고시를 통과한 기독교 대안학교 고등학생으로, 2시간 정도 걸리는 부산 고신대학교 청강 수업을 주 2~3회 다니고 있었으며, 대학 진학을 위해 '유아교육' 과목이나 '종교 철학' 같은 수업을 들으면서 영어와 논술을 준비하고 있었습니다.

설현이 대학생이 되고 난 이후, 연구자를 만났을 때는 고신대 기독교대학 기숙사에서 지내며 대학 생활에 힘겹게 적응해 나가고 있었고, 학교 근처 베이커리 카페에서 틈틈이 아르바이트도 하고 있었습니다. 기숙사 생활이 탈북 대안학교의 생활과 다르게 모든 것을 스스로 알아서 해야 하는 것과 새아빠와의 이혼에 대한 걱정으로 힘겨워하긴 했지만, 기독교 대안학교에서 학습한 경건의 습관들과 독서, 기독교 영화 관람 등을 통해 삶의 어려움을 헤쳐 나가고 개인 신앙생활을 다독여 나가고 있었습니다.

2) 지우의 내러티브 (20대 초반 여성)

두 번째 연구 참여자는 지우입니다. 그녀는 무남독녀 외동딸로, 고향은 양강도 혜산입니다. 부모님은 20대 초반에 결혼하셨고, 그녀가 유아기 때 이혼하셨습니다. 같은 도시에 살았지만, 두 부모 사이를 오가느라 소학교 2학년까지밖에 다니지 못했습니다. 그녀는 중국 접경 지역에 살았기에 북한 노래보다 남한 노래를 더 많이 부르며 자랐고, 내륙 지방의 사람들보다 자본주의 문물을 좀 더 쉽게 접할 수 있는 환경에서 성장했습니다.

지우는 인도 영화를 보면서 한 여성을 인권 변호하는 모습을 보고 북한에는 없는 직업인 '변호사'에 대해 관심을 가지게 되었고, 꿈을 키우기 시작했습니다. 아버지 형제 중 고모가 가장 먼저 남한에 정착하면서 형제와 가족을 불러들였고, '남한에 오면 공부를 할 수 있다'라는 말에 솔깃하여 탈북을 결심하게 되었습니다. 그녀는 2013년 12월에 입국하여 이듬해 2014년 3월 J 학교가 개교할 때

바로 입학했습니다.

J 학교의 교육 과정은 그녀를 놀랍게 변화시켰습니다. 그녀의 내면에서 가치관, 철학, 세계관의 변혁이 일어났습니다. 연구자는 어느 한여름, OO 학교에서 그녀를 처음 만났는데, 마침 수업이 없는 시간이라 면담이 가능하다고 했습니다. 그녀는 대입 검정고시를 통과하고 대학 특채 면접을 준비하는 단계에 있었습니다. 그날 오후는 자율학습 시간이라 면담이 가능하다고 하였습니다. 그녀가 읽어낸 독서량과 여러 가지 경험은 짧은 시간에 어떻게 사람이 이렇게 변할 수 있는지 기독교 교육의 놀랍고 위대한 힘을 발견하고 감탄하지 않을 수 없었습니다.

교사를 통해 듣기로는 부산에 부가 살고 계신다고 합니다. 부는 가끔 J 교회에 찾아오신다고 합니다. 첫 만남 때, 지우는 무릎담요를 교복 위 어깨에 살짝 걸치고 있어 몸이 좋지 않은지 물어보니 그렇지는 않다고 하며 에어컨 때문에 잠시 걸쳤다고 하였습니다. 그녀는 다소 아담한 체격이지만 다부져 보이며 밝은 인상을 주었습니다. 장마철이라 비가 부슬부슬 내려 우산을 찾아 쓰고 주변 카페로 갔습니다. 학교에서는 곳곳에서 수업 중이라 조용한 장소가 없었습니다. 함께 우산을 쓰고 걸으면서 여러 가지 이야기를 나누었는데, 학교가 처음 세워질 때 허허벌판이었다고 했습니다. 하지만 점차 아파트와 건물들이 들어서면서 거리가 정비되기 시작했다고 합니다. 연구자가 이곳까지 찾아오면서 길을 몇 번이나 잃었다고 하자, 처음에는 다 그렇다며 유쾌하게 웃었습니다.

신호동에도 카페가 많이 생겼다는 이야기를 하며, 지우가 가보았던 카페의 특징들에 관해 이야기를 나누었습니다. 어떤 카페에서는 처음에 가면 텀블러를 주고, 그다음에 그 텀블러를 들고 가면 찻값을 할인해 준다고 했습니다. 또 어떤 카페는 선생님들과 함께 가보았고, 어떤 카페는 한번 가보고 싶었지만, 아직 못 가보았다고 유쾌하게 수다를 떨었습니다. 이 모습은 여느 한국 소녀와 다르지 않다는 생각이 들었습니다. 1차 면담을 위해 연구자를 만날 무렵, 지우는 E 대학과 H 대학의 입학 면접을 준비하고 있었습니다.

1년이 지나 연구 참여자를 만났을 때, 그녀는 서울시 K 대 정치외교학과 학생으로 탈북자를 위한 N 교회에 다니며 그룹홈 희망홀에 머물고 있었습니다. 2학년 새 학기 개강을 앞두고 학업에 열중하고 있으며, 방학 동안 그녀가 꿈꾸던 '탈북자 인권 문제'를 알리기 위해 미국에 다녀온 이야기를 나누며 꽃을 피웠습니다.

3) 솔빈의 내러티브 (20대 초반 여성)

세 번째 연구 참여자 솔빈은 1남 1녀 중 장녀입니다. 그녀는 함경북도 김책에서 태어나 자랐습니다. 어린 시절, 집이 골동품 밀수로 마을에서 가장 부유했지만, 가끔 공안의 단속을 갑작스럽게 받으면서 부자로 사는 것이 행복하기보다는 불안하고 불편했다고 회고하였습니다.

12세 때 아버지가 탈북한 이후, 그녀는 감시와 질책 속에서 살았고, 어머니의 수감과 재혼, 새아버지로부터의 학대, 외할아버지와 함께 밭을 일구며 사는 등 어린 나이에도 파란만장한 삶을 살았습니다. 아버지가 탈북한 후 4년이 지나, 딸과 아들을 불러 탈북에 동참하게 하여 현재 부산에서 아빠, 남동생과 함께 살고 있습니다. 그녀는 일반 학교를 거쳐 기독교 탈북 대안학교인 J 학교에서 어렵게 적응하였고, 검정고시에 합격하면서 졸업할 수 있었습니다.

언젠가 지역신문에서 J 대안학교 제1회 졸업생에 관한 기사를 읽었는데, 미용사로 사회에 진출한 졸업생이 있다는 내용이었습니다. 그 졸업생이 솔빈이라는 것을 알게 되었습니다. 솔빈과의 첫 만남은 7월의 어느 무더운 날이었습니다. 그녀는 면담 시간보다 더 일찍 와서 연구자를 기다리고 있었습니다. 첫인상은 청치마에 흰 셔츠, 검은색 백팩을 맨 단발머리의 아가씨였습니다. 참여자에게 하루 쉬는 날 면담을 요청해서 미안하다고 하니, 수개월의 미용 실습 끝에 미용사 시험을 치르고, 다음날 일을 그만두었다고 하였습니다.

4) 은강의 내러티브 (10대 후반 남성)

네 번째 연구 참여자 은강은 중국인 아버지와 북한 어머니 사이에서 태어난 1남 1녀 중 차녀입니다. 그녀는 북한에 대한 기억이 없다고 했습니다.

어린 시절부터 그녀는 어머니가 중국인 아버지에게 폭행당하는 모습을 보며 자랐습니다. 어느 날, 어머니는 오빠를 남겨두고 어린 자신을 데리고 북한에서 오신 외할머니와 함께 도망쳤습니다.

첫 면담에서 그녀는 통일이 되더라도 북한에 가고 싶은 마음은 없다고 말했습니다. 어머니는 통일이 되면 고향인 함경북도 회령에 한 번은 가보아야 하지 않겠느냐고 하십니다.

그녀는 8세에 한국에 입국하여 유치원을 1년 다니고 바로 초등학교에 입학하였습니다. 한국 사회에 적응하는 데에는 아무런 어려움이 없었고, 외모나 말투에서 보아도 그저 평범한 한국 소녀 같았습니다.

연구자는 그녀가 다니는 교회에 찾아가 사전 면담을 한 후, 다음 인터뷰 날짜를 정했습니다. 그녀는 주말에 찬양단에서 찬양과 율동 연습으로 바쁜 시간을 보내고 있었습니다. 여름 방학이라 수련회와 비전 트립 등으로 몹시 바빴기에, 2차 면담을 하기로 약속한 대신 통일비전공동체 목사님을 통해 비전 트립을 다녀온 이후의 소감문을 전해 받았습니다.

연구자가 그녀를 본 첫인상은 이목구비가 뚜렷한 세련된 외모에 한껏 멋을 부리고 마스카라까지 하고 와서 아가씨 같다고 피드백을 하자, 그녀는 수줍어하며 웃는 모습을 보였습니다. 그녀는 '호텔리어'가 되는 것이 꿈이었던 소녀였는데, 미얀마, 라오스, 태국, 중국의 4개국으로 비전 트립을 다녀온 이후에는 신앙적으로 성숙해졌고 역사의식이 생겨났으며 선교사가 되겠다는 변화를 보여서 깜짝 놀랐습니다. 그녀는 자기 삶이 부모님의 삶과 연결되어 있다는 것을 깨달았고, 하나님이 한국 땅에 자신을 보내신 이유에 대한 사명 의식이 생겨난 모습으로 변화되었습니다.

일 년이 지난 후 만나본 연구 참여자는 고등학교 인문계에 진학하여 학업에 열중하며, 주말에는 교회 고등부 찬양 인도를 하고 있었습니다.

5) 서연의 내러티브 (20대 초반 여성)

다섯 번째 연구 참여자 은강은 1남 1녀 중 차남입니다. 그는 북한에 대한 행복한 기억이 더 많습니다. 연구 참여자를 주말 S 교회에서 오후 3시에 만나기로 했으나, 조금 늦겠다는 연락이 왔고 3시 30분경에 다시 조금 더 늦어질 것 같다고 한 후 10분 후에 도착하였습니다.

그는 집이 멀어서 S 교회까지 가는 데 시간이 오래 걸린다고 하였습니다. 연구자는 먼 거리에도 불구하고 약속을 지키려고 애쓴 모습이 고맙고 기특하다고 인사를 하였습니다. 또래들보다 약간 작은 신장이지만, 다부진 체력에 매서운 눈매를 가진 구릿빛 피부의 검게 그은 소년으로 남자다운 인상을 풍겼습니다.

하루 전날, 학교에서 하는 1박 2일 스포츠 캠프에 참여하느라 잠도 제대로 못 잤지만, 연구자와의 약속을 지키는 신실한 모습에 신뢰감이 생겼습니다. 연구 참여자를 처음 만났을 때 그는 17세였고, 15세에 처음으로 북한을 떠났다고 했습니다. 고향은 양강도 혜산시라고 하였습니다. 하루는 어머니가 중국에 가자고 해서 아무 생각 없이 따라나섰는데, 나중에 탈북하게 되었고 별 어려움 없이 호기심으로 따라왔다고 합니다. 북한에서는 태권도 학교에 다니며 운동을 꾸준히 해왔고, 남한 친구들은 대부분 게임을 하면서 시간을 보내지만, 자신은 산과 들에서 친구들과 어울려 놀았던 기억이 좋다고 회고했습니다.

첫 인터뷰 당시 그는 일반 중학교 3학년에 다니는 청소년이었습니다. 사전 면담에서 자신의 꿈은 격투기 선수라고 소개하였으며, 남한에 와서 텔레비전을 통해 스포츠 중계를 보면서 가지게 된 꿈이라고 합니다. 북한에는 아버지와 친척들이 현재 살고 계시고, 어머니, 누나와 함께 탈북하였습니다.

현재 어머니는 새아버지와 살고 계시고, 연구 참여자는 누나와 함께 살고 있는데, 누나는 20대에 취직하여 회사에서 경리 업무를 하고 있습니다. 이는 북한에서도 하던 일이라 익숙하게 하고 있다고 합니다.

어머니는 가까이 사시면서 두 자녀를 돌보고 계셨습니다. 정착한 집은 방 하나와 거실 하나로, 세 가족이 함께 살기에는 힘들 정도로 좁은 아파트라고 하였습니다. 대부분의 탈북자들은 '생계형 재혼'을 한다는 인상을 강하게 받았습니다.

연구 참여자 또한 수련회와 비전 트립으로 바빴습니다. 그는 솔직히 믿음이라는 것에 대해 잘 모르겠다고 하였고, 구원에 대한 확신조차 없었습니다. 하지만 어머니에게 등 떠밀려 S 교회 비전 트립을 다녀온 이후, 하나님과의 인격적인 만남을 경험하고 자신의 삶을 선교사로 드리겠다고 할 만큼 놀라운 변화를 보였습니다. 1년 후 연락을 하였을 때, 그는 J시 일반 고등학교에 진학하여 기숙사에서 생활하고 있었으며, 운동부 선수로서 경기 출전 일정으로 바쁜 일정을 보내고 있었습니다.

6) 하윤의 내러티브 (20대 초반 여성)

여섯 번째 연구 참여자 서연은 2남 1녀 중 장녀입니다. 서연의 가족사는 한국사를 배경으로 하는 대하드라마 같다는 인상을 주었습니다. 그녀를 처음 본 것은 서울의 한 교회에서였습니다.

담임 목사님이 예배 후 점심시간에 20대 대학생 청년 세 명을 소개해 주셔서 함께 식사하게 되었는데, 이 세 명의 청년은 희망원이라는 그룹홈에 소속된 학생들로, 두 명은 아동기에 입국했고 한 명은 입국한 지 3년째 되었다고 하였습니다. 서연은 그중 가장 이른 8세에 입국한 학생이었습니다.

어린 나이에 입국했기 때문인지 서연은 훤칠한 키에 미모가 뛰어나며, 말투나 행동에서 탈북자라는 인상이 전혀 들지 않았습니다. 그녀는 북한에서 대가족이 탈출한 사례입니다. 할아버지와 할머니는 중도에 북송되었고, 아빠와 헤어지는 등 온갖 고난을 겪다가 혼자 이웃집에 맡겨져 보호받다가 이후 제3국을 거쳐 엄마와 함께 한국에 입국하였습니다. 한국에 입국한 모녀는 먼저 입국한 아빠를 찾았습니다. 아빠는 아내와 딸을 사랑했지만 긴 기다림과 외로움에 지쳐 새 가정을 꾸려 정착하고 있었습니다.

서연의 어머니는 생계를 위해 아이를 버려두고 일을 해야 했습니다. 아동기 동안 그녀는 오랜 시간 방임되어야만 했습니다. 서연은 친아빠에게 보내달라고 떼를 써서 갔지만, 새롭게 이룬 가정에서 자신이 이방인이라는 것을 알게 되었습니다. 새엄마는 낯선 그녀를 학대하고 다시 방임했습니다. 그녀는 엄마가 재혼하셨다는 소식을 들으면서 서울로 돌아오게 되었고, 가부장적인 북한 출신 새아빠와의 갈등으로 다시 힘든 사춘기를 보내야 했습니다. 엄마와 아빠 사이에서 남동생 둘이 태어나면서 그녀는 동생들을 돌보며 학창 시절을 보냈습니다.

그녀는 왜 자신에게는 엄마가 둘이고 아빠가 둘인지 반항하며 한때 가출을 감행하기도 했습니다. 발달상 힘든 사춘기에 그녀는 혼란스러운 가운데 자기 정체성을 찾기 위해 몸부림쳐야만 했습니다. 훗날 그녀는 그 어떤 고난의 시기 가운데서도 하나님이 함께하셨다고 회고했습니다.

대부분의 탈북자 가정에서 드러나는 문제지만, 아이들은 문화 습득이 빠른 반면, 부모는 느려서 세대 갈등이 심하게 일어날 수밖에 없습니다. 그녀는 자유롭고 유쾌한 기질의 성격으로 보수적인 부모님과의 오랜 갈등을 겪었지만, 하나님을 인격적으로 만나면서 안정된 모습을 찾아갔습니다.

연구자가 만났을 때, 그녀는 경찰행정학과를 휴학하고 경찰행정학원에 다니면서 미래를 준비하는 비전 있는 청년이 되어 있었습니다. 그 많은 시련을 지나 어떻게 이렇게 잘 자랄 수 있는지 신앙이라는 매개가 없이는 도무지 해석될 수 없다는 생각이 드는 그런 청년이었습니다.

연구 참여자를 다시 만났을 때는 경찰행정학과에 복학하였으며, 방학 동안 아르바이트를 하며 한 학기 등록금과 용돈을 버느라 바쁘게 보내면서 다음 학기를 준비하고 있었습니다.

7) 아영의 내러티브 (20대 초반, 여성)

일곱 번째 연구 참여자 하윤은 2016년 9월에 첫 만남을 가졌습니다. 2녀 중 차녀로, 한국에 들어온 지 3년째라고 합니다. 그녀를 처음 본 것은 서울의 한 교회에서였습니다.

그곳에서는 남한 목사님과 북한 목사님이 공동 사역을 하고 있었습니다. 그녀의 첫인상은 다소 짙은 화장에 염색한 파마를 세련되게 하고 굽 있는 구두를 신은 활달해 보이는 23세의 아가씨였으며, 미용학과에 다니는 대학생이라고 자신을 소개하였습니다.

하윤은 엄마와 언니가 먼저 탈북하여 한국에서 안정된 삶을 살고 있었기에 탈북하는 과정이나 정착하는 과정에서 별 어려움이 없었습니다. 엄마와 언니가 탈북했지만, 그녀는 북한을 떠나고 싶은 마음이 별로 없었습니다. 괜찮은 남자도 사귀고 결혼까지 생각하고 있었지만, 출신이 좋은 상대편 남자 집안에서는 탈북자 가정 출신인 그녀의 집안을 탐탁잖게 여겼고, 결국 남자 친구와 헤어지게 되었습니다. (사귀던 남성이 다른 여성과 결혼하였다고 합니다) 이로 인해 희망이 없는 북한 땅을 미련 없이 떠나기로 결심했다고 합니다.

그녀는 악어강이라고 부르는 라오스강을 건너오면서도 엄마와 언니가 기도하고 있다는 확신 가운데 있었기에 마음의 평안이 흔들리거나 동요된 적이 없었다고 회고했습니다.

하윤은 통일이 되면 북한에 가서 미용실을 차린다고 할 만큼 고향에 대한 그리움과 애정이 있어 보였습니다. 이미 정착한 언니는 한국에서 명문으로 손꼽히는 Y 대학교 정치외교학과 대학원을 다니면서 잠시 캐나다에 가서 일을 하고 있었습니다. 그녀는 언니가 훗날 UN에서 일을 한다는 소식을 전해 들었습니다. 하윤은 매우 사교적이어서 하나원에서 만난 동료와 친구로 지낼 뿐 아니라, 남한 친구도 다양하게 사귀고 있었습니다.

연구 참여자에게 첫 인터뷰를 하고 1년이 지난 후 연락을 하니, 미용학과를 졸업한 후 경기도의 한 미용실에 취직하여 바쁜 나날을 보내고 있었습니다.

연구 노트

9명의 북한출신청소년을 만나면서 인터뷰 과정 중에 가슴이 먹먹해 몇 번이나 눈물을 훔쳤던 기억이 납니다. 분단이 되지 않았으면 겪지 않아도 될 비극과 정체성 혼란을 그들은 겪고 있었습니다.

은강 같은 경우 중국인 아빠와 북한 엄마 사이에서 태어나 자라며 한국에서 정체성 혼란을 극복해야 하는 과제를 안고 있었습니다. 서연 같은 경우에는 아빠가 한국에 먼저 입국해 가족의 생사를 몰라 기다리다 지쳐서 재혼한 상태였습니다. 그리운 아빠를 만나 혼란을 겪으며 새로운 가족사에 적응해 가며 정체성을 찾기 위해 성장통을 겪어내야만 했습니다.

아영은 중국에서 태어나 중국말을 더 잘하는 아이로 자랐습니다. 남한에 입국해서 자신의 정체성을 새로 다져 나가야만 했습니다. 이러한 내용은 강동완 교수의 〈엄마의 엄마〉라는 책에 상세하게 수록되어 있습니다. 현대사에 분단의 비극이 만들어낸 참극이 존재한다는 것을 잊어서는 안 됩니다.

북한에서 태어나 자란 솔빈과 은강, 하윤은 가족의 권유로 남한에 입국해서 정체감을 찾아가는 과정에 있었습니다. 이들은 북한 체제는 싫지만, 북한은 가고 싶은 그리운 고향이기에 통일을 간절히 기다리고 있었습니다.

인터뷰를 진행하면서 이미 통일이 가까이 와 있다는 것을 피부로 느꼈습니다. 특히 두만강 접경 지역인 양강도 대홍단이나 혜산에서 온 설현과 지우는 북한에서 한국문화를 이미 접한 상태였습니다. 이들은 '사선'을 넘어온 고구려 후손'답게 강인하고 생명력이 넘쳤으며 한국 사회에 유입된 후 정착하되 기독교 신앙의 기반 위에서 삶을 이어나가고 있었습니다. 모든 혼란을 극복하면서 신앙 안에서 건강한 시민으로 통일시대 주역들로 자라고 있었습니다.

제2장 내 인생을 변화시킨 만남

대부분의 북한 출신자들은 자신의 삶을 변화시킨 만남에 대해 큰 의미를 부여하였습니다. 그들의 삶을 변화시킨 사람들에게는 공통점이 있었는데, 진심으로 대하고 계산 없이 도와주며 신실하고 정직한 사람들이었다는 것입니다.

그들은 학교에서 수업을 가르치는 평범한 교과목 선생님이거나 대안학교에서 함께 기숙하며 생활하는 교사, 아플 때 찾아와 기도해주신 교회 집사님들, 이름 없이 빛도 없이 관심과 도움의 손길을 보내준 자원봉사자들, 교회 학교 지도자, 그리고 하나님을 진실하게 믿는 삶과 신앙이 일치하는 사람들이었습니다. 대부분의 탈북자들은 감시 체제 속에서 살아왔기 때문에 처음부터 호의와 관심을 쉽게 받아들이지 못하는 특성이 있습니다. 그들은 먼저 경계하고 의심하며 밀어내는 것에 더 익숙합니다.

하지만 그 섬김과 사랑이 지치지 않고 진심임을 확인하게 될 때, 자신이 변화될 때까지 기다려줄 때, 어느 순간부터는 마음을 열기 시작하였습니다.

1) 편견 없이 대해 준 사람들 (서연, 20대 초반, 여성)

"크게 신기해하시지도 않고 놀라시지도 않고"

서연은 자신이 실업고에서 대학 진학을 준비하면서 국어 선생님의 헌신이 없었다면 결코 4년제 경찰행정학과에 진학할 수 없었다고 말합니다. 그 선생님은 소신을 가지고 일하셨고, 자신이 북한에서 왔다고 밝혔을 때도 크게 신기해하지 않으셨으며 놀라지도 않으셨다고 합니다. 언제 왔냐고 물으시고, 학교에 가려고 한다고 하니 되게 열심히 도와주셨다고 합니다. 그분이 아니었더라면 대학은 꿈도 꾸지 못했을 것이라고 회고합니다.

> 크게 신기해하시지도 않고 놀라시지도 않고 언제 왔냐고 물으시고 학교 가려고 한다니까 되게 열심히 해주셨어요. 네 저를 이상하게 쳐다보지 않고. 그래서 그때 제가 수능 무렵 알바 열심히 뛰었거든요. 제가 번 돈으로 선생님께 졸업하기 전에 선물 드리고 졸업했어요. (서연. 2016.9.11)

2) 깊은 배려와 관심 (솔빈. 20대 초반. 여성)

"먼저 다가와서 '같이 있어 줄래?' 하고 말해줄 때"

솔빈은 자신이 다쳐서 병원에 있을 때 곁을 지켜주신 교회 집사님, 자해를 했을 때 진심으로 대해 주신 선생님, 자신의 생활을 늘 지켜보며 관심을 보여준 자원봉사자들, 잘못했을 때 혼내주고 잘했을 때 자기 일처럼 기뻐해 주신 선생님 덕분에 오랫동안 닫고 지냈던 마음의 문을 열 수 있었다고 회고했습니다. 북한의 감시 체제 속에서 살았던 탈북청소년이 마음을 여는 것은 쉽지 않았을 것입니다. 솔빈은 그렇게 마음을 여는 데 일 년이 넘게 걸렸다고 합니다.

힘들 때 교회 집사님들이 찬양해 주시고 여러 가지를 챙겨주셨어요. 제가 힘들었을 때 하나님을 믿는 사람들이 도와주시고 위로해 주셨어요. (중략) 손목을 자해했어요. 선생님이 처음에 모질게 말씀하셨어요. "이놈의 지지배, 그렇게 하면 죽을 줄 알았니? 누가 이런 짓을 하라고 가르쳐줬냐?"라고 하시면서 펑펑 우시더라고요. 저도 울고 선생님도 울고, "아프지?"라고 하시면서. 제가 "조금 아파요"라고 하니, "조금만 아프겠냐? 너 이런 짓 하면 안 된다"라고 하셨어요. "선생님이 너 이러면 좋아할 것 같냐? 선생님 마음이 얼마나 아픈지 아냐?"라고 말씀하시면서 손목에 약을 발라주셨어요. 그렇게 힘들 때마다 하나님이 도와주셨습니다. (중략) 잘못했을 때는 혼내주시지만, 잘했을 때는 격려해 주시고, 검정고시에 합격했을 때도 정말 기뻐해 주셨어요. 합격하고 나서 선생님이 더 좋아하시는 거예요. 선생님이 더 기뻐하시고, "샘도 잘될 거야"라고 정말 좋아하셨어요. 엄마 아빠처럼요. (중략) 먼저 다가와서 "같이 있어 줄래?"라고 말해주실 때 정말 큰 도움을 받았다고 생각하게 돼요. (솔빈 2016.7.20.)

3) 정직한 사람들이 믿는 하나님이라면 (지우, 20대 초반 여성)

"바르게 살고 정직한 사람들이 믿는 하나님이라면"

지우는 한국에 온 지 3개월이 되지 않아 J 학교 1기생으로 입학한 후, 교사와 자원봉사자들의 모습 속에서 하나님을 발견했다고 합니다.

봉사하고 바르게 살아가는 모습을 보니까, 특히 선생님들과 함께 생활하면서 선생님들의 모습 속에서 하나님을 발견하게 되었습니다. **바르게 살고 정직한 사람들이 믿는 하나님이라면 믿어볼 가치가 있지 않을까 생각합니다.** (지우, 2016.7.12.)

4) 한결같이 헌신하는 사람들 (아영, 20대 초반 여성)

"알고 보니 아무것도 바라는 게 없는 거예요"

아영은 같은 교회에서 리더로 활동하셨던 교회 선생님의 변하지 않는 헌신이 자신이 정착하는 데 큰 도움이 되었다고 보고합니다. 가족과 학생들을 변함없는 사랑으로 일관성 있게 대하는 모습을 보면서 그분을 모델로 삼게 되었다고 합니다.

> 같은 교회에서 리더로 활동하셨던 남자 선생님이 계셨습니다. 그분은 북한에서 오신 분들을 도와주고 싶어 하셔서 사역하신 분이었고, 정말 인상 깊었습니다. 변하지 않는 헌신이 무엇인지 알게 해주신 분이셨습니다. 뭔가를 바라지 않으시고 자신이 한 일에 대해 생색도 내지 않으셨으며, 오로지 그 자리에서 헌신하고 계셨습니다. 또한 자신의 가정을 멋지게 꾸려가시는 것 같았습니다. (아영. 2016.9.20)

> 부모님보다 더 이해해 주시는 분들이 계셨고, 알고 보니 그분들은 아무것도 바라지 않으셨습니다. 저 사람들이 바보인가? 내 머릿속이 혼란스러웠던 것임을 깨달았습니다. (지우. 2016.7.12)

5) 진실한 심리상담자 (솔빈, 20대 초반 여성)

"상담사 선생님이 아니었더라면 저는 없었을 거예요."

솔빈은 북한에서 아동학대 등으로 인해 심리적 트라우마를 겪었고, 탈북 이후에는 할아버지에 대한 죄책감으로 인해 우울증, 자해, 자살 사고 등의 문제를 보이고 있었습니다. H 센터 상담사는 탈북자를 4년 동안 상담하며 그 어려운 시기를 잘 극복할 수 있도록 도와주신 분입니다.

선생님 힘들어요. 어떻게 해요?' 그러면 '선생님도 힘들었어.' 4년 동안 저를 상담하셨어요… 선생님은 저 보기만 봐도 상태를 아세요. 눈만 봐도 알고… 제가 말을 하지 않아도 바라만 봐도 알 수 있어요. 상담사 선생님이 아니었더라면 저는 없었을 거예요. 제가 가장 힘들었을 때 상담사 선생님이 기도해 주시고 (솔빈. 2016.7.20)

제3장 기독교 문화와의 접촉

1) 인문학 서적과 영화

"말로 표현할 수 없는 따듯하면서도 감동적인"

연구 참여자들의 삶의 변화에는 사람과의 만남 외에도 문화와의 만남이 있었습니다. 이들은 전기를 통해서 비전을 가지고 모델을 찾기도 하였고 문학작품과 영화를 통해서도 삶의 변화를 경험하였습니다.

미용사가 되고 싶다던 솔빈은 '나의 꿈 나의 비전'이라는 기독교 콘테스트에서 은상을 받고 난 이후, 선생님이 책 한 권을 선물해 주셨는데 크리스천 헤어 디자이너 권 홍 씨에 관한 책 〈약속〉을 선물 받고 그 이후 롤모델로 삼게 되었다고 합니다.지우는 한동대에 관한 책 〈구름 기둥〉이라는 책을 읽으면서 기독교 학교의 설립에 관심을 가지게 되었고 설현은 오바마 대통령에 대한 전기를 통해 '차별과 냉대'를 극복하고 성공한 사례로 모델을 삼기도 했습니다. 인권 변호사가 되고 싶다던 지우는 책을 통해 조영래 변호사를 존경하게 되었다고 하였습니다.

그 밖에 반기문 총장의 수기나 천로역정[2] 같은 문학 서적, 인문

---

2 천로역정(天路歷程, The Pilgram's Progress)은 영국의 설교가이자 작가인 존 번연(John Bunyan)이 쓴 책이며, 원제목은 'The Pilgram's Progress from this world to that which is to come.'이다. 성경 다음으로 많이 인쇄되었을 뿐 아니라 1판이 출간된 지 330년이 지난

학 서적을 통해 자신의 삶을 성찰했습니다. 설현은 〈선 오브 갓〉 〈벤허〉 등을 보면서 구원에 대한 확신을 가지고 살게 되었다고 합니다.

'나의 꿈 나의 비전'이라는 기독교 콘테스트에서 은상을 받았어요. 그때 롤모델로 B 선생님이 책을 하나 권해주셨어요. 그분이 하나님 믿는 사람이었어요. "권 홍"이라는 미용사였는데 그분을 롤모델로 삼게 되었어요. 그분이 북한이탈주민들을 위해서 서울에서 아카데미도 열고 우리를 키워주시려고 많은 노력을 하시더라고요. 잡지 책이나 화보에는 그분에 관한 기사가 많이 나왔어요. (솔빈. 2016.7.20.)

한동대에 관한 책을 읽었어요. 〈구름 기둥〉이라는 책인데, 한동대 총장님의 사모님이 쓰신 책이에요. 이 책은 한동대의 역사, 학교가 세워진 과정과 목표, 그리고 어려움을 겪어낸 과정 등을 다루고 있어요. 이러한 이야기들이 기적처럼 느껴졌어요. 마치 참회록 같은 느낌이었어요. (지우. 2016.7.12)

선 오브 갓이라는 영화를 봤는데, 예수님에 대한 영화예요. 그 영화를 보면서 말로 표현할 수 없는 따뜻하면서도 감동적인 느낌이 들었어요. 학교에서 자원봉사 선생님이 가져와서 보여주셨어요. 영화를 보면서 예수님이 십자가에서 고문을 받으시는 장면을 보았고, 벤허도 함께 봤어요. 예수님이 우리를 위해 저렇게 돌아가셨구나, 하는 생각이 들었어요. 제가 힘들 때나 부정적인 생각이 들 때, '아, 내가 하나님의 자녀구나' 하고 의식하게 되면 그런 생각에서 벗어나는 것 같아요. 내 환경이 어떻든지 간에, 오바마 대통령도 어렸을 때 많이 방황했더라고요. 그 책을 읽으면서 진짜 도전받았어요. (설현. 2016.7.11.)

현재까지도 베스트셀러의 자리를 차지하고 있다. 김홍만(2013)의 해설에 따르면, 천로역정은 순례자의 여정을 그린 신앙 문학작품으로서 회심을 통해 성화의 길을 걸으며 본향 즉 천국을 찾아가는 나그네의 길이라고 할 수 있다. 저자인 존 번연은 독자들을 향해 영적인 모험을 떠나는 순례자가 되라고 초청함으로써 선교적으로 일으켜 세우고 있다.

2) 기독교 교육기관의 커리큘럼

"앙트십 프로그램을 비롯해서"

연구 참여자들의 신앙 성숙과 삶의 변화 이면에는 기독교 교육
기관의 커리큘럼이 있습니다. 기독교 세계관을 바탕으로 한 독서
와 토론 수업, 신문 사설을 통해 핵심 주제를 찾는 활동을 통해 사
고와 안목의 폭을 넓히고, 다른 사람의 생각을 수용하며 자기 생각
을 표현하는 훈련을 합니다. 진로 수업과 앙트레프레너십 프로그
램을 통해 자기 적성을 찾고 기업가 정신을 배우며 기부하는 훈련
도 진행합니다. 그 외에도 다양한 문화 체험, 공연 관람, 악기 배우
기 등을 통해 치유를 경험하고 감성 훈련을 하기도 합니다.

지우는 J 학교에 오고 나서 하나님을 만나고 치유를 경험했다고
합니다. 솔빈은 성경적 기 프로그램을 접하면서 하루에 45분 동안
성경적 기 훈련을 했다고 합니다. 〈나의 꿈, 나의 비전〉이라는 기
독교 콘테스트에서 자신의 꿈을 발표하기도 했고, 앙트레프레너십
프로그램을 통해 적은 자본으로 돈을 벌고 기부하는 활동을 배웠
습니다. 이후 직장 생활이 안정되자 기부를 실천하며 살았다고 보
고합니다.

서연은 필리핀의 '쥬빌리 아카데미'에서 학생들의 신앙 훈련에
참여하여 나병 환자촌에서 봉사하고, 매일 기도, 예배, 성경 읽기
훈련을 하면서 자신의 삶을 인도하시는 하나님의 음성을 듣는 경
험을 했다고 보고하고 있습니다.

신문 사설을 통해 핵심 주제를 찾는 활동을 합니다. 진로 수업도 진행하고요. 한 주에 한 권은 읽고, 토론하는 시간이 있습니다. 매주 한 번 제가 읽고 느낀 것을 말하는 시간이 있어요. (설현. 2017. 7.11)

학교에 오게 되면서 하나님을 만나고 치유도 받았습니다. (지우. 2016. 7.12)

성경 적기 프로그램이 있었어요. 다 하면 선물을 준다고 해서 친구들이 시작했는데, 하루에 컴퓨터를 사용할 수 있는 시간이 45분밖에 안 돼요. 〈나의 꿈, 나의 비전〉이라는 발표에서는 왜 꿈을 꾸게 되었는지, 어떻게 꾸게 되었는지, 그리고 어떻게 실현할 건지에 대해 발표하는데 너무 떨리고 긴장했어요. 그런 경험은 처음이었거든요. 글 쓰는 건 괜찮은데 말하는 건 정말 떨렸어요. 친구가 아니라 심사위원이니까요. (솔빈. 2017.10.15)

앙트십 프로그램이라는 창업 교육이었습니다. 미션으로 주어진 자금을 가지고 돈을 벌어오라는 것이었는데, 우리 팀은 마사지 서비스를 제공하여 기부하려고 했습니다. 최종 금액은 우리가 기부하기로 했어요. 기부를 목적으로 한 것은 아니었고요. J 학교에서 학생들의 용돈을 매달 모아서 컴패션에 기부했었거든요. 기부를 통해 이렇게 누릴 수 있는 것이라는 것을 자연스럽게 배우게 되었습니다. 일정한 위치에 도달하면 기부해야겠다는 생각을 자연스럽게 품게 되었고, 후원의 밤을 통해 간접적으로나마 체험하다 보니 그런 마음이 생겼던 것 같습니다. (대학생 F.G.I. 2018.2.2.)

3) 북한 인권을 위해 일하는 수잔 솔티

"한국 사람도 아닌 사람이 북한 인권을 위해 일하는데"

연구 참여자들의 삶의 변화에는 기독교 지도자와의 만남이 중요한 역할을 했습니다. 설현은 J 학교가 기도로 운영되는 모습을 보면서 '정말 하나님이 살아 계시구나'라는 생각이 들었다고 합니다. 설현은 하나원에서 신앙생활을 하다가 일반 학교에 오게 되면서 잠시 교회를 다니지 않았던 시기가 있었는데, 그 당시 담임 선생님의 한마디가 교회를 다시 나가게 된 계기가 되었다고 회고했습니다.

지우는 수잔 솔티 여사의 강연을 들으면서, 한국 사람이 아닌 그가 북한 인권을 위해 일하는 모습을 보며 가만히 있어서는 안 되겠다는 결심을 하게 되었다고 전했습니다.

> 기도하면서 J 학교가 운영되는 모습을 보니 정말 하나님이 살아 계시구나 하는 생각이 듭니다. (중략) 중학교 2학년 때 선생님이 기독교인이셨는데, 선생님께서 방과 후에 교회에 가자고 하셨습니다. 그래서 교회에 나가게 된 계기가 되었습니다. (설현. 2016.7.11)

> 몇 달 뒤에 J 학교를 개설한다는 소식을 듣고, '아, 이 학교에 다녀야겠다'라고 생각했습니다. (중략) 수잔 솔티 여사의 강연을 들으면서, 한국 사람이 아닌 그가 북한 인권을 위해 일하는 모습을 보며 가만히 있을 수 없겠다는 결심을 하게 되었습니다. 하나님 안에서가 아니라면 이런 분들을 만날 수도 없었을 것입니다. (지우. 2016.7.12.)

제4장 비전의 실현

S 교회 통일비전공동체의 탈북 목사님은 북한에서 공업대를 졸업했지만, 생계를 위해 중국으로 나가 돈을 벌다가 탈북하게 되었습니다. 그는 중국에서 교회를 다니며 말씀을 통해 하나님을 경험하고, 태국 대사관을 통해 망명 신청을 하였습니다. 이후 부산 D 대학에서 무역을 전공한 후 무역 일을 하다가 비전 트립을 통해 두만강과 백두산을 방문하고, 통일에 대한 비전을 가지고 목회자가 되기로 결심하였다고 합니다.

현재 그는 청소년들을 제자 훈련으로 양육하고 훈련시켜 비전 트립을 통해 비전을 가질 수 있도록 돕는 사역을 하고 있습니다. 통일비전공동체는 탈북청소년뿐만 아니라 일반 청소년들에게도 열려 있어, 함께 섬기고 사역하는 일이 자연스럽게 이루어지고 있습니다.

단기선교를 갔다가 그런 마음을 주시더라고요. 두만강에 가서 북한을 내려다보며 결심하게 되었지요. (두만강에 가셨으면 백두산 쪽으로 가셨겠네요? 그때 비전 트립을 통해 탈북청소년들을 위한 사역을 결심하게 되셨어요?) 그러면서 목회하게 되고 청소년들을 맡으면서 그 마음을 갖게 되었지요. (중략) 자신을 알아가는 것이 제일 중요하죠. 또 저는 아이들에게 당당해지라고 말합니다. 북한에서 온 것이 부끄러운 것이 아니라는 거죠. 사실 현실은 그렇지 않아요. 왕따를 당하기도 하죠. 그렇지만 그것을 극복할 수 있어야 한다는 거죠. 그것을 숨기고 살면 언젠가는 들통나게 됩니다. 나중에 몰랐다가 어느 날 알게 되면 그 사람을 신뢰할 수 없게 되죠. 저도 처음에는 숨겼어요. 그런데 사명을 받고 나서는 숨기지 않았습니다. 이제부터는 북한에서 태어난 것이 오히려 사명이 뚜렷하고 기뻤고, 지금도 저는 언어를 당당하게 사용합니다. 남한 말을 조금 더 순하고 부드럽게 할 수 있으면 됐지, 왜 그걸 부끄러워해야 하나요? 그것이 제 개성이죠. 어찌 보면 그게 제 캐릭터고, 제가 아이들을 가르칠 때 요즘 중고등부 아이들이 와서 예배를 드리거든요. 그 바쁜 아이들이요. 제가 비전을 받고 싶으면 여기 와서 예배를 드리고 은혜를 받아야 한다고 말해요. (오픈이 되어 있네요. 누구든지 와서 은혜받을 수 있게) 비전을 받고 싶으면 오라고 합니다. 남들이 손가락질하든, (목사님이 좋은 모델이 되어 주시는 것 같네요) 저는 그래요. 비굴해지지 않고 그것을 숨기면 거짓말이 자꾸 불어나게 됩니다. 내가 강원도가 고향이라고 하면 그다음에 그 거짓말을 해야 하거든요. 그러면 아이들의 자존감이 무너집니다. 그래서 저는 북한 아이들에게 당당해지라고 말합니다. 부모님들이 뭐라고 하든지요. (연구 참여자 D 씨)

1) 하나님을 만나며

"하나님을 만났으니"

연구 참여자들이 비전을 가지게 되는 과정에서 하나님을 경험하는 것이 중요한 역할을 했습니다. 이들은 기독교 대안학교나 교회에서 하나님을 경험하며 성장하였습니다. 교사들의 헌신적인 모습 속에서, 이들은 일상적인 상황에서도 찬양과 예배를 통해 하나님과의 관계를 깊이 있게 경험하고 있었습니다. 이러한 경험은 그들의 신앙과 비전 형성에 긍정적인 영향을 미쳤습니다.

우리 학교에는 기적 같은 일들이 많아요. 선생님들은 삶을 통해 하나님을 전하는 분들이셨어요. 하나님께서 이 길이 맞다고 도와주시겠다는 느낌이 들어서

끝까지 가보려고 해요. (지우. 2016.7.12)

그 노래를 듣고 있으면 나도 모르게 눈물이 흘러 마음이 편안해지고, 아까 말했던 마음의 응어리가 풀리는 느낌이 들어요. 상황이나 문제가 달라진 것은 없지만, 혼자 집에 있을 때 듣다 보면 뭔가 내면에서 변화가 일어나서 마음에 깊이 와닿아 울고 있는 거예요. 하나님을 만났으니, 지금은 찬송을 듣거나 하나님을 믿는 사람을 통해 상담을 받기도 해요. (솔빈. 2017. 11.19.)

2) 나보다 약한 사람을 위해 봉사하는 삶

"누군가를 위해서 삶을 살고 싶어요."

하나님을 경험한 연구 참여자들은 모두 봉사하는 삶을 살고자 하였습니다. 설현은 봉사하는 삶을 원하며 자신보다 약한 사람들을 돕고 싶다고 말했고, 솔빈은 직장 생활이 안정되면서 기부하는 삶을 실천하고 있었습니다.

저는 봉사하고 싶습니다. 누군가를 위해 삶을 살고 싶고, 나보다 약한 사람들을 보살피며 살고 싶습니다. (설현, 2017.11.20.)

그런 것을 보면 저도 자신감이 생기고, '다음에는 나도 할 수 있지 않을까?' 하는 생각이 점점 넓어지더라고요. 예전 제가 그 나이에 겪었던 일이 생각나면, 그 친구가 꼭 저와 같아서 도와주고 싶다는 마음이 듭니다. 제가 가진 재능이 그 사람들이 원한다면 얼마든지 나누고 싶습니다. 아파하고 힘들어하는 사람들에게 미용을 통해 봉사하고 싶습니다. (솔빈, 2017.11.19)

3) 선교를 통해 갖게 된 하나님의 꿈

"독수리 인생을 경험하게 하신 하나님"

2016년, 연구자는 면담하게 된 당시 17세의 두 청소년을 소개 받았습니다. 한 명은 8세에 입국하여 한국 학생들과 다름이 없었고, 다른 한 명은 2015년에 입국했지만, 구원의 확신조차 없었고 어머니의 권유로 비전 트립에 참여하게 되었습니다. 그러나 그해 8월, 중국, 미얀마, 라오스, 태국의 네 개국을 다녀온 이후 이들의 변화는 괄목할 만합니다. 그들은 북한 출신 청소년으로서 신앙 안에서 통일의 중요성과 사명감을 자각하게 되었고, 개인의 관심에서 역사와 사회에 관한 관심으로, 나아가 하나님 나라에 대한 관심으로 확장되었습니다. 목사님을 통해 받은 그들의 간증문을 연구 텍스트로 첨부하고자 합니다.

전 이번 선교가 저에게 정말 의미가 있습니다. 저에게 시험을 이기게 하시고 연약함을 강하게 키우시며 능력을 주시고, 하나님에 대해 더욱 알아가게 하시고, 하나님이 저를 향한 사랑과 정성, 은혜를 알게 하심에 감사드립니다. 저의 낯가림을 변화시켜 조금 더 적극적이고 용기를 주시며, 언니, 오빠, 동생들과 잘 어울려 놀 수 있게 하신 것에 정말 감사드립니다. 또한 박** 선교사님을 만나게 되어 영광이고 감사드립니다. 목사님을 통해 많은 것을 배우게 하시고, 좋은 말씀들을 나눠주시며 저희를 위해 기도해 주시고 많은 명언들을 나눠주셨습니다. 그중에서 가장 인상 깊었던 것은 "나는 닭대가리 인생이 아니다. 내 인생은 독수리 인생이다. 내 인생은 도둑고양이가 아니라 젊은 사자와 같은 인생이다."라는 말씀입니다. "21세기 우리 민족의 사명, 5대양 6대주를 밟아보라"라는 이 말씀들이 제 마음속 깊이 자리 잡은 것 같습니다. 또한 저희가 가는 곳마다 그 땅에 대한 하나님의 사랑을 알게 하신 것에 감사드리며, 제 마음에 와닿아 주셔서 감사합니다. 그 땅에 은혜와 기름, 복음과 축복을 내려주셔서 감사드립니다. 또한 그 땅에서 찬양할 수 있었음에 감사드립니다. 그리고 모두가 함께 눈물을 흘리며 기도하고 찬양하는 가운데 하나님을 만나지 못한 언니, 오빠, 동생들이 있었는데, 그들이 하나님을 만나게 되어 영광이었습니다. 제가 저 자신을 돌아보며 회개하고 하나님의 눈물을 흘리며 용서를 구할 수 있음에 감사했습니다. 가기 전에 기도 제목이 하나님에 대한 사랑과 저의 확고한 마음이었는데, **선교 첫날부터 하나님의 사랑과 은혜를 많이 받아 이번 선교가 저에게 정말 의미 있고 소중한 경험이었던 것 같습니다.** 선교 갈 기회가 더 생긴다면 고민하지 않고 바로 갈 것입니다. 저를 많이 사용해 주십시오. 감사하고 사랑하며 정말 행복한 시간이었습니다. (G 목사님이 8월 25일 연구자에게 보내온 메시지의 내용 중 - 은강의 간증)

저는 처음에 단기선교를 원해서 간 것이 아니라 엄마에게 떠밀려서 갔습니다. 교회에 모여 공항으로 가는 날 설레었지만, 한편으로는 친구들과 잘 어울릴 수 있을지 걱정되었습니다. 교회에서 만나자, 형과 누나들이 저에게 먼저 말을 걸고 같이 놀아주었습니다. 단기선교를 가기 전에는 그냥 생각 없이 교회를 나왔습니다. 이번 단기선교에서 박** 목사님을 만나 하나님에 대해 더 잘 알게 되었고 많은 것을 배우게 되었습니다. 우리가 묘족 공동체에 간 것은 우연이 아니라 하나님께서 저희를 인도하신 것입니다. 하나님께서 우리가 기도할 수 있게 비를 내려주시고, 기도를 통해 하나님의 살아계심을 느끼게 되었습니다. 또한 치앙마이에 있는 몽골 아이들에게 보내주시고, 그들을 위해 기도할 수 있는 시간도 가졌습니다. 이번 단기선교를 통해 하나님을 인격적으로 만났고, 박** 목사님의 말씀처럼 지금까지 **닭대가리 인생**처럼 살았지만 비전 트립을 통해 **독수리 인생을 경험하게 하신** 하나님께 감사드립니다. (G 목사님이 8월 25일 연구자에게 보내온 메시지의 내용 중 - 은강의 간증)

제5장 기독교 신앙의 의미

연구 참여자들에게 신앙의 의미는 매우 컸습니다. 그들은 신앙이 참으로 신기한 것이라고 말합니다. 되게 힘들고 무너질 때, 희망이 없다고 느낄 때, 신앙이 '희망'이 되어 주었다고 합니다. 비관적이고 낙오자라고 여기는 것이 아니라, 그런 순간에 더욱 힘이 되어주는 것이 신앙이라고 강조합니다. 그들은 신앙을 삶의 '안전장치'와 같은 것으로 표현했습니다. "만약 신앙이 없었더라면, 다른 무엇을 의지하며 살았을까"라고 고백합니다. 신앙은 자신의 성격을 변화시키고 삶을 성찰하게 하는 힘이 있으며, 자신에 관한 관심에서 타인에 관한 관심으로, 나아가 역사와 사회, 하나님 나라에 관한 가치관으로 삶의 본질을 보게 하고 나아가게 하는 힘이 있다고 보고합니다.

1) 나의 희망과 삶의 안전장치

"나에게 소망을 주었고 모든 게 다 바뀐 것 같아요."

서연은 갑작스러운 진로 변경과 실업계 출신으로 인문계 상급생들과의 학업 경쟁으로 인해 방황하며 학업을 중도에 내려놓고 휴학을 선택했습니다. 그녀는 부의 권유로 필리핀의 '쥬빌리 아카데미'에서 남북한 학생들을 대상으로 신앙 훈련을 하고, 나병 환자촌에서 봉사하면서 더 힘든 사람들을 보며 사회봉사에 눈을 뜨게 됩니다. 그곳에서의 생활은 기도, 예배, 성경 공부, 신앙 훈련의 연속이었습니다. 한 학기 정도의 쉼을 가진 후 신앙 훈련을 받으면서 그녀는 그곳에서 하나님을 인격적으로 만났습니다. 주님이 자신 때문에 돌아가신 것을 깨닫고 진심으로 울며 기도하는 시간을 가지면서, 혼자만 학교에 적응하지 못하는 낙오자라는 생각에서 벗어나게 되었습니다. 그녀는 그때 하나님의 음성을 들었다고 합니다. "너 잘하고 있다. 지금도 늦지 않았다. 잘 가고 있다. 내가 너를 돌보고 있다. 제대로 잘 가고 있는 것이 맞다." 이러한 확신을 가지게 되면서 마음의 평안을 찾고 하나님의 응원을 받았다고 전했습니다. 이후 서연은 자신을 누군가와 비교하는 삶의 태도에서 벗어나 하나님이 자신의 길을 예비하고 인도하고 계심을 믿게 되면서, 차분하게 자신의 연약함에 대한 전략을 세우고 준비해 나가는 모습을 보였습니다.

연구자를 만나 인터뷰할 무렵, 그녀는 OO의 '경찰행정 학원' 등록을 준비하고 있었습니다. 경찰행정학과에 진학한 이유에 대해 하나님 앞에서 답을 찾고, 범죄 청소년에 관한 관심을 가지게 되면서 사명 의식을 느끼게 되었습니다. 이러한 경험은 그녀가 더 열심히 공부할 수 있는 동기를 부여했습니다.

희망이 생겼습니다. 나에게 소망을 주었고, 하나님에 대한 모든 것이 다 바뀐 것 같아요. (설현, 2016.7.11.)

대학교 1학년 때 제가 입학하자마자 되게 방황했고, 과 생활도 힘들어서 그만

두겠다고 하며 한 학기를 쉬었습니다. 그때 아빠의 권유로 필리핀의 '쥬빌리 아카데미'에서 남북한 학생들과 함께 신앙 훈련을 받으며 생활했었습니다. 그곳에서 저보다 더 힘든 사람들을 보았고, 나병 환자촌에 가서 봉사도 했습니다. 그 당시 매일 기도하며 아침에 눈을 뜨면 기도하고, 예배와 성경 공부를 하며 저녁에는 신앙 훈련을 잘 받았습니다. 쉴 때는 쉬면서… 그때 처음으로 하나님이 나 때문에 돌아가셨다는 것을 알게 되었고, 진심으로 울며 기도해 보았습니다. 그때 저는 되게 낙오자 같고 혼자 학교에 적응하지 못하는 것 같았어요. 친구 관계도 원래 이렇게 힘들지 않았는데, 갑자기 어려워지니까 애들이 잘 맞지 않더라고요. 그것도 너무 힘들었고, 그때 정말 많이 울었습니다. 혼자서 기도하는데 하나님이 "너 잘하고 있다. 지금도 늦지 않았다. 잘 가고 있다. 내가 너를 돌보고 있다. 제대로 잘 가고 있는 것이 맞다."라는 마음을 주셨습니다. 그때부터 마음이 편안해지기 시작하면서, 내가 늦은 게 아니구나, 경찰이 되는 것이 솔직히 두려웠어요. 학교는 다니고 있지만 나중에 못 할 수도 있고, 친구들 사이에서 치고 나가는 것도 어렵고, 처음부터 잘해야 한다는 압박감에 낙오자처럼 맨날 울곤 했습니다. 하지만 그때 하나님의 응원을 많이 받았던 것 같아요. 그 시기에 하나님과 가까워지고, 많이 울고 웃었던 기억이 납니다. (서연, 2016.9.20)

2) 변화를 이끄는 삶의 힘

"어떻게 하면 크리스천으로서 바르게 살아갈 수 있을까?"

은강은 8세에 한국에 입국하여 자연스럽게 한국 학생들 속에서 성장했습니다. 그러나 중학교 1학년 때 남자 친구의 교회에 나가게 되면서 1년간 본 교회에 출석하지 않게 되었다고 합니다. 남자 친구와 헤어진 후 방황하던 중 본 교회 수련회에 참석하게 되면서 하나님을 인격적으로 만나는 경험을 하게 됩니다. 이후 은강은 게

으르고 나태했던 성격이 변화하고, 어떤 직업을 선택하든 하나님의 영광을 위해 살고 싶다고 고백하였습니다. 은강은 비전 트립을 다녀온 이후 더 놀라운 변화를 겪게 되며, 역사의식과 사회 및 하나님 나라에 대한 관심이 커지면서 시야가 확장되는 모습을 보입니다.

> 그냥 성격이 많이 바뀐 것 같고, 제가 대체로 게으른 편이었어요. 게으름도 많이 고친 것 같고… 되돌아보면, 생각 없이 살다가 이제는 생각하면서 살게 된 것 같아요. (은강. 2016.7.23)

설현은 부정적인 사고가 들 때, 자신이 '하나님의 자녀'라는 정체성을 깨닫고 부정적인 사고에서 벗어난다고 고백합니다. 언제부턴가 소심한 성격이 담대하게 변하고, 목소리도 달라지는 등의 변화를 겪고 있다고 말합니다.

> 부정적인 생각이 들 때, "아, 내가 하나님의 자녀구나" 하고 의식하게 되면 그로부터 벗어나는 것 같아요. 하나님께서 저에게 강함과 담대함을 주시는 것 같아요. 예전에는 소심한 성격이었고, 목소리도 작았는데… 이렇게 변해있다는 것을 몰랐어요. (설현. 2016.7.11)

여느 청소년이 그렇듯이 대학에 진학하고 새로운 사회와 문화를 접하게 되면 가치관의 혼란이 일어나기 마련입니다. 연구자가 만난 연구 참여자들도 마찬가지였습니다. 기독교 세계관과 그렇지 않은 세계관이 만났을 때 혼란스러움이 있지만, 그 과정에서 좀 더 성숙한 모습으로 고뇌하며 삶을 대하는 태도가 드러나고 있었습니다.

세상의 가치를 좇아서 안달복달하면서 사는 게 맞나, 어떻게 하면 좀 더 크리스천으로서 더 바르게 살아갈 수 있을까… 크리스천으로서 세상에 영향을 끼치기 위해서라도 내가 준비된 사람이 되어야겠고 신앙이 어떻게 결정되는지 생각해 보는 시간이 되었어요. 일 년 동안… (중략) 일단 하나님이 말씀하신 신성한 결혼관, 동성애에 대한 가치관… 아직 큰 선택을 한 적은 없지만 선택은 아니지만 바램을 할 때 내가 크리스천으로서 크리스천들이 가지고 있는 기본 정신 이런 것에 비례해서 지배하고 있지 않나 생각해요.
(대학생 F.G.I. 2018.2.2)

3) 사회적 관심으로의 확대 : 예수님이 아이들을 사랑하셨듯 소수자를 향한 사랑

"그런 사람들까지도 품을 수 있는 다양한 관심의 확대"

연구 참여자들의 변화 중 하나는 사회적 관심이 자연스럽게 생겨나고 있다는 것입니다. 설현은 북한에서부터 아이들에게 많은 관심을 두고 있었고, 성경에서 예수님이 아이들을 사랑하시는 모습을 보면서 그 마음을 닮고 싶다고 생각했다고 합니다. 북송당해 겪은 아픔 때문에 북송되는 분들을 위해 기도하는 것을 사명으로 여기고 있었습니다.

나보다 못 사는 사람들…? 그리고 아이들. 예수님이 아이들을 사랑하셨잖아요. 아이들을 사랑하신 예수님의 마음을 닮고 싶어요. 북송되는 분들을 위해서도 기도해야겠다는 생각이 들어요. (설현 2016. 7.11)

대학 입시가 아닌 직장을 선택한 솔빈은 첫 번째 직장에서 어려움을 겪고 난 후, 두 번째 직장에서는 신앙생활과 직장 생활이 안정된 이후 후원을 시작했습니다. 자신이 졸업한 학교가 후원으로 운영되는 학교이기에 후원하고 있는 것 외에도 취약계층 어린이들을 위해 어떻게 후원할 수 있을지 고민하고 있었습니다. 그뿐만 아니라 여가 시간에는 토크쇼에 참석하여 가치관이 다른 사람들과 소통하고, 북한의 현 실정을 알리기 위한 노력에도 동참하고 있었습니다.

지금은 매달 2만 원씩 J 학교에 후원하고 있으며, 월급이 오르는 만큼 후원 금액도 증가할 것입니다. 크리스마스에는 기부할까, 고민 중입니다. 더 힘든 사람들을 도와줄 수 있다는 것이 기부의 의미라고 생각해요. 가진 것이 적을 때라도 시작해야겠다고 결심하게 되었습니다. 좀 더 좋은 곳에 아이들을 위해 사용되었으면 좋겠습니다. '문화의 다양성'이라는 주제를 가지고 토크쇼에 참석했습니다. (솔빈, 2017. 10. 15)

좀 더 열심히 살아서 저런 친구들을 잘 도와주고 함께 어울릴 수는 없을까, 하는 생각이 들었던 것 같아요. 제가 힘들었던 시기에 그런 경험이 있었고, 그다음 날 정말 활기차게 일어났습니다. 오늘도 열심히 살아야겠다는 마음이 생겨나더라고요. 그런 걸 보면 저도 자신감이 생기고, '다음에는 나도 할 수 있지 않을까?' 하는 생각이 점점 넓어지게 됩니다. 고아원 같은 친구들을 보면 뭔가 끌리는 게 있어요. 그 친구들은 버림받았잖아요? 저도 엄마에게 버림받은 느낌이 있어서… 예전 제가 그 나이에 겪었던 일이 생각나면 그 친구가 꼭 저 같다는 생각이 들어서, 도와주고 싶다는 마음이 생깁니다. 제가 가진 재능이 그 사람들이 원한다면 얼마든지 나누고 싶어요. (솔빈. 2017.10.15)

지우는 17세에 한국에 입국하여 공부를 시작한 후 대학까지 진학했습니다. 대학생이 된 이후 대외 활동을 하면서 안목이 넓어졌다고 보고합니다. 탈북자들뿐만 아니라 다양한 난민과 여러 가정 환경에 관심을 가지게 되면서, 인권 변호에 대한 비전뿐만 아니라 어려움을 겪는 사람들에 관한 관심의 폭도 넓혀가고 있었습니다.

> 학업에만 묻혀 있지 말고 나의 관심 분야를 넓혀갈 수 있는 기회를 찾고 싶습니다. 다양한 난민과 다문화 가정의 사람들, 되게 어려운 상황에 처한 이들까지도 품을 수 있는 폭넓은 관심을 가지고 싶다는 바람이 있습니다. (대학생 F.G.I. 2018.2.2)

4) 남한 정착의 힘: 하나님께 이끌리는 일상

"신앙 훈련과 세상 속에서의 싸움"

통전적 예배란 전인적으로 드리는 예배이며, 전인적인 변화가 일어나는 예배입니다. 이는 완전하게 이루어질 구원의 성취를 이미 이루어진 것으로 받아들이고, 오늘을 이기는 힘으로 살아가는 예배입니다(강용원, 2012, 100). 연구 참여자들의 삶 속에서 이러한 변화가 일어나고 신앙생활이 정착되는 모습이 관찰되었습니다. 연구 참여자들은 다양한 방식으로 신앙생활에 정착해 나가고 있었으며, 이는 결코 삶과 분리하여 생각할 수 없는 영역이라고 생각됩니다.

(신앙 안에서 하나님이 나에게 어떻게 살기를 바라시는 것 같아요?) 훈련을 많이 받아야 할 것 같습니다. (신앙 훈련?) 신앙 훈련뿐만 아니라 세상 속에서의 싸움도 필요합니다. (하윤, 2016.9.16)

교회 부설 그룹홈에서 생활하는 연구 참여자 서연과 지우는 예배, 기도 모임, 교제, 그리고 기독교 동아리 활동을 통해 안정된 정착을 이룬 것으로 보였습니다.

그룹홈 안에서도 기도 모임이 있었고, 한 주간 어떻게 지냈는지 나누기도 하며, 성경 말씀도 나누었습니다. (중략) 나중에 교회에서 이 집을 사서 운영하게 되었습니다. (대학생 F.G.I. 2018.2.2)

대학에 입학하고 기숙사 생활을 하면서 또래 부적응으로 한동안 힘들어했던 설현은 대안학교에서 받았던 신앙 훈련을 회복하며 삶 속에서 말씀을 묵상하고 찬양을 듣고 기독교 영화를 보면서 영적 회복을 시도하고 있었습니다.

아침에 큐티로 시작하고 제자 훈련과 성경 공부를 하며, 수업 시작과 마칠 때 기도로 시작하고 마칩니다. 하이델베르크 교리문답서와 제자 훈련 책으로 성경 공부를 하고, 성경에 관한 갈급함이 있어 찬양을 듣고 쉴 때는 주로 찬양을 들어요. 주일에는 만나서 놀고 이야기하며, 이렇게 신앙을 잘 유지해 나갔으면 좋겠어요. (설현, 2017. 12. 18)

쉬는 날 없이 일하며 영적 침체에 빠져 있던 솔빈은 기독교 업체에 취직하면서 주일 예배를 안정적으로 드릴 수 있게 되었고, 일상에서 늘 찬양을 듣는 삶을 살고 있습니다. 더구나 2차 면담 때는 '삶 속에서 오늘을 이기는 힘으로 사는 통전적 예배'를 실천하고 있는 성숙한 모습을 보여주었습니다.

> 몇 개월 동안 신앙생활을 하지 못하면서 정말 힘들었어요. 그런 상황을 고려하면서도 그곳에 간 것이니 하나님께 죄를 지은 것 같아 솔직하게 고백해야할 것 같아요. 하나님께 솔직하게 고백하고 인도하심을 받으려 합니다. (솔빈. 2016.7.20.)

> 힘들 때 위로가 되는 찬양이 있잖아요? 그 노래를 듣고 있다 보면 나도 모르게 눈물이 흘러 마음이 편해지고, 아까 말했던 마음의 응어리가 풀리는 느낌이 들어요. 상황이나 문제가 달라진 것은 없는데, 혼자 집에 있을 때 그 **찬양을 듣다 보면 마음에 너무 와닿아서 울고 있는 거예요.** (솔빈. 2017.11.19.)

본 고에 소개하지 못한 송이(가명)은 2차 인터뷰는 하지 못했지만, 주일학교 고등부에서 찬양 인도를 하고 율동하는 모습을 보면서 안정된 신앙생활을 해나가고 있다는 생각이 들었습니다. 그 외에도 타 지역으로 가서 정착하여 다시 만나지 못한 연구 참여자들이 있지만, 그들이 경험한 하나님을 결코 떠나서 살 수 없으리라 생각합니다. 이들이 남한 사회에서 안정적으로 정착하는 데 기독교 영성이 큰 기여를 한 것으로 보입니다.

김은희,
마음 심리상담연구소
소장

제3부

그리스도인으로 살며
나누는 삶

제1장 청년들의 포커스 그룹 인터뷰 : 역사의 주관자이자 천지창조의 하나님

이 장에서는 집단 초점 인터뷰(FGI)에서 영성 부분을 발췌하여 소개합니다.

* 일시 및 장소 : 2018년 2월 2일 (금) 14:20~17:40
* 인터뷰어 : 김은희
* 인터뷰이 : 북한 출신 청년(총 2명)
* 장소: 서울 OO구 신정동 소재 카페, 식당, 희망홀(숙소)

연구자는 연구 참여자 인터뷰를 위해 하루 휴가를 내고 서울로 올라갔습니다. 한 참여자는 부산의 탈북청소년 대안학교인 J 학교를 졸업하고 K 대 정치외교학과에 재학 중이었습니다. 또 다른 참여자는 재작년부터 'OO교회'에 다니고 있는 여대생으로, D 대 경찰행정학과에 다니다가 휴학한 후 복학하여 방학을 맞이한 상태였습니다. 놀랍게도 서로 통화를 하면서 알게 된 사실은 두 참여자가 같은 숙소에 살고 있다는 것이었습니다. 원래 세 명을 만나기로 하였으나, 한 참여자는 (간접적으로) 취직 후 연애를 하면서 개인사 노출하기를 꺼린다고 밝혀 두 명과만 인터뷰를 진행하게 되었습니다.

연구자가 신정역에 도착한 것은 오후 1시 40분경이었고, 전화를 하니 근처 카페로 나오겠다고 하였습니다. 자료를 준비하고 한참 기다리니 까만 패딩을 입은 두 여대생이 문을 열고 들어왔습니다. 연구자가 "오랜만이다. 많이 예뻐졌구나!"하고 인사를 하니, 그들은 자신들이 화장도 안 하고 나왔다며 까르르 웃었습니다.

> 연: 이번에 핵심적인 영역이자 중요한 질문인데, 신앙 영역에 관한 질문입니다. '나는 구원에 대한 확신이 있나요?' 지진이 일어나 죽더라도 나는 천국에 갈 확신이 있나요?
>
> 참A: 네, 있습니다.
>
> 연: 예* 씨도요? 날마다 하나님과 동행하고 있다는 확신이 있나요?
>
> 참A: 날마다 동행한다는 게…
>
> 연: 말씀을 읽고 묵상한다든지, 힘들 때 찬양을 듣는다든지, 큐티나 묵상의 시간을 가지는 것에 대해 말씀하시는 건가요?
>
> 참B: 제가 올해 성경 필사를 시작했는데, 일주일 정도 됐어요. 그런데 그동안 하지 않은 지 꽤 됐네요.
>
> 연: 그래요.
>
> 참A: 하고 싶은데 힘들어요.
>
> 연: 필사하는 동안 어땠어요?
>
> 참A: 좀 더 하나님을 알고자 하는 마음이 생겼고, 사실 한국어 필사가 아니라 영어로 필사하면서…
>
> 연: 영어 공부도 하게 되었군요.
>
> 참A: 네, 영어 공부도 하고 싶고 말씀도 알고 싶어서요.
>
> 연: 어떤 경우에는 영어 성경이 더 쉽게 와닿을 때도 있더라고요.

참A: 네, 되게 쉬운 버전의 영어 성경이 그렇죠.

연: 은* 씨는요?

참B: 구원의 확신에 관해요? (웃음)

연: 일상생활 속에서 묵상은 하나요?

참B: (웃음) 구원의 확신이 있어서 안 해요. (웃음)

연: 한 번씩 샘이 묵상한 내용을 보내주면 반응이 오더라고요. '이 찬양 너무 좋아요.'라고 하기도 하고요.

참B: 말씀을 따로 읽고 있지는 않지만, 말씀을 보내주시는 분들이 많아요.

연: 아, 그렇군요.

참B: 보내주면 읽으니까요.

연: 잠깐이라도 읽는 거군요.

참B: 그렇게 저는 하는 것 같아요.

연: 두 번째 질문도 중요한데, 하나님과 관련하여 의미 있는 경험이 있으면 나눠보세요. 해석하기 나름인데, 영적인 체험을 나누어도 되고, 말씀이 특별히 와닿았던 경험이나 내 삶의 문제와 관련된 경험도 좋습니다. 샘 같은 경우에는 고등학교 때까지 과학자가 되는 게 꿈이었고, 학과도 식품영양학과로 갔었죠. 그런데 어느 순간, 과학으로 해석할 수 없는 세계가 있다는 것을 믿게 되는 순간이 있더라고요. 내 이성과 상관없이 그런 체험을 해본 적이 있나요? 성령 체험이나 방언을 받는다든지요.

참A: 그런 어떤…

연: 어느 순간 믿어지는 순간, 아, 하나님이 살아 계시구나.

참A: 저는 대학교 1학년 때 되게 혼란이 와서 휴학했어요. 그 기간 동안 교회에서 필리핀 쥬빌리 아카데미라는 프로그램을 모집하더라고요. 북한 측과 한국 측의 다양한 사람들이 모여 3개월간 필리핀에서 신앙 공부를 하는 프로그램이었는데, 지원해서 갔어요. 그곳에서 하나님의 은혜를 많이 경험했죠.

연: 그때 평안을 찾았군요. 방황을 멈추고.

참A: 네, 그때 제가 되게 혼란스러웠던 시기라, 아, 어떻게 해야 하지? 내적 갈등도 많았던 시절이었어요. 그 과정에서 하나님을 많이 의지했죠. 그리고 그전까지는 하나님이 계신지에 관한 의심이 많았어요. 목회자 자녀지만 항상 의심이 있었고 억지로 믿으려 하다 보니 그랬던 것 같아요. 그런데 교회에 가서 매주 한국에서 귀한 분이 오셔서 강의도 듣고 하면서, 그때 하나님이 살아 계시다는 확신을 가지게 되었어요.

연: 힘들긴 했지만…

참A: 그때 강의를 들으면서 역사 속에 하나님이 계셨다는 것을 깨달았어요. 순간순간 해방의 역사 속에서도 하나님이 계셨던 게 너무 신기했고, 그 역사가 변해왔다는 것을 느끼면서 하나님의 역사가 일반 역사 속에 있었다는 사실에 깊은 감동을 받았어요.

연: 그랬구나.

참A: 그래서 더 하나님을 의지하게 되었죠. (웃음) 그리고 방황하던 시기였는데, 경찰학과에 간 것도 하나님이 보내신 거구나 하는 생각이 들었어요. 힘들긴 했지만, 엄청 기도하면서 궁금증을 여쭈어보았고, 지금 생각해 보니 그 시간이 제 인생에서 가장 필요했던 시간이었던 것 같아요.

연: 광야에서 하나님을 만나듯이…

참A: 역사의 주관자가 결국 하나님이시구나, 하는 느낌을 받았어요.

연: 크게 깨달았네. 현대사 속에서도 하나님이 함께하고 계시다는 것을 확신하게 되었구나?

참A: 그 모든 역사 속에 하나님이 함께하신다는 것을 느끼면서 너무 놀라웠어요. 평소에는 그런 생각을 하지 못하고 살기에 바빴는데, 기도하고 강의를 듣고 하면서 그런 생각이 많이 들었어요.

연: 은* 씨도 그런 경험이 있어요? 광야에서 하나님을 만난 듯한…

참B: 저는 그런 경험은 없지만, 천지창조를 하나님 빼놓고 설명할 수 있을까, 하는 생각이 들어요.

연: 어느 순간에 그런 믿음이 생겨났나요?

참B: 저는 OO 학교에 있을 때요.

연: 그때 받은 교육이나 신앙 훈련을 통해서?

참B: 그 생각을 하게 된 이후로는 한 번도 하나님의 살아계심을 의심해 본 적이 없어요.

연: 그래?

참B: 하나님이 늘 함께하신다고 믿으면서 의심하는 것은 다른 문제고, 하나님이 있다는 것을 인지하지만 크리스천으로서 삶의 방향성은 별개로 진행되면서 그런 모순적인 것도 느끼고 있어요.

연: 그런 혼란이나 갈등은 있었네요.

참B: 혼란이나 갈등이라기보다는, 내가 하나님을 믿는 크리스천으로서 세상의 가치를 좇아 안달복달하며 사는 것이 맞는지, 어떻게 하면 하나님과 크리스천으로서 더 바르게 살아갈 수 있을까, 하는 고민을 잠깐 하게 되죠. 그런 질문에 대해 늘 혼자서 해답을 찾으려 하며, 크리스천으로서 세상에 영향을 미치기 위해 준비된 사람이 되어야 하고, 현실의 삶에서 확신을 가지고 살기 위해 크리스천으로서 삶을 위한 자기 합리화를 하게 됩니다. 신앙이 어떻게 결정되는지 생각해 보는 시간이 되었어요. 일 년 동안.

연: OO학교에서는 공동체 생활을 해야 하니 신앙의 중심을 잡기가 더 쉬웠던 것 같아요.

참B: 그렇죠. 그런 고민을 할 필요가 없었죠. 늘 패턴대로 살아가고, 그 패턴에 익숙해지다 보면 그것이 내 신앙생활이 되었으니까요.

연: 그랬구나. 세 번째 질문인데, 나는 삶의 문제를 다루는 데 있어 나의 영적 신념과 행동에서 특별한 도움을 찾을 수 있다고 생각하나요?

참B: 행동에 신앙이 영향을 미치냐는 말이죠.

연: 어떻게?

참B: 예를 들면, 세상에서 말하는 은혜와 내가 크리스천으로서 생각하는 은혜
는 다르죠. 세상 사람들은 담대하게 이해할 필요가 있다고 하지만, 그게
신앙적으로 연결되는 건지 모르겠어요. 일단 하나님이 말씀하신 신성한
결혼관이나 동성애에 대한 가치관 등은 분명히 다르죠.

연: 기준이 우리는 명확하니까요.

참B: 그렇죠.

연: 요즘은 많이 무너지고 있지만, 문화 속에서도 너무 많이 침범받는 것 같아
요. 영화를 보다 보면 끝에 가면 동성애 관련 내용이 나오고.

참A: 맞아요. 〈아가씨〉라는 영화도 그런 영화인 줄 모르고 봤는데, 그렇더라고요.

연: 예고편에도 전혀 그런 내용이 없었는데.

참A: 네, 후반부에 나오니까 '뭐지?' (다 함께 웃음) 싶더라고요.

연: 너무 쇼킹했지요.

참A: 예고편에 전혀 그런 내용이 없었으니까요.

연: 깜짝 놀란 거지요.

참A: 맞아요.

연: 앞으로 우리가 그 가치관을 고수하고 지키기가 이 문화 속에서 쉽지는 않
을 것 같아요.

참A: 처음에는 자연스럽게…

연: 우리가 지성도 있고 감성도 있고 영성도 있는데, 영성은 내 삶을 움직이는
주체이며 내 삶의 대부분을 차지하고 있나요?

참B: 영성이요?

연: 응, 영성. 어떤 것 같아요?

참B: 지배하고 있지 않을까요?

연: 선생님도 일반 국가 공공기관 OO 상담센터에서 근무하다 보니, 언제부턴가 크리스천 카운슬러로서 정체성이 혼란스러워질 때가 있더라고요. 그래서 박사 과정에 들어오게 되었던 것 같아요. 내가 '크리스천 카운슬러'라는 것을 확인하기 위해 그렇게 혼란스러울 때 공부를 시작하게 되었고, 논문도 그렇게 쓰고 있고요. 어떤 분야에서 경찰이 되든 변호사가 되든 마찬가지이지 않을까요?

참B: 영성이요…

연: 영성은 나의 삶을 움직이는 주체가 되고 있나요? 현재 삶에서, 뭔가 선택을 하는 데 있어서.

참B: 아직 큰 선택을 한 적은 없지만, 선택은 아니지만 바람을 가질 때, 내가 크리스천으로서 크리스천들이 가지고 있는 기본 정신에 비례해서 지배받고 있지 않나 생각해요.

연: 예O 씨는 어떤가요? 예O 씨는 앞으로 직장을 선택한다면, 같은 직장이라도 무엇에 가치를 두느냐에 따라 선택이 달라질 수 있죠. 간호사들도 주일 성수에 대한 이유로 직장 선택에서 중요하게 생각하더라고요.

참B: 그렇죠.

연: 현재도 영성이 나의 삶에 원동력이 되고 있나요? 필사도 하고 노력하고 있는데.

참A: 노력은 하는데, 친구들이 믿지 않는 친구들이다 보니까.

연: 친구들이 한잔하러 가자고 하면, 사실 그 친구들과 함께하는 시간이 좋기 때문에.

참A: 맞아요.

연: 그래도 그 기준에서 나도 냉정해지기가 쉽지 않더라고요.

참A: 네, 다 아닌데 저만 그러니까.

연: 그럴 때 그런 기준이 있어요?

참A: 기준이요?

연: 그걸 편견이나 색안경을 끼고 보기보다, 이전에 그런 말을 들은 적이 있는데, 목사님 딸이 주점에 들어가는 걸 보고 성도가 목사님께 일러준 사례가 있었어요. 그때 목사님이 '제가 허락해 줬습니다. 우리 딸은 가서 주스를 마십니다'라고 말씀하시니, 성도들이 선을 지키더라는 이야기를 들었거든요. 사회생활을 하다 보면 그런 기준을 정하기가 쉽지 않을 것 같아요. 직장 생활하면서도 그런 경험해 봤어요?

참A: 다 마시는데 저는 안 됩니다. 그러니까 힘든 것 같아요.

연: 어떻게 대처했어요?

참A: 주스 먹고 그러는 건 괜찮은데, 술은 절대 마시면 안 되는 건가요?

연: 글쎄.

참A: 솔직히 나쁘지는 않다고 생각해요. 어느 기준을 지키지 못하면 선을 넘기게 되고, 지켜야 할 걸 못 지키니까요. 그렇지만 분위기를 맞추는 건 솔직히 나쁘다고 생각하지는 않아요. 엄마와 아빠와 마트 지나가면서 '여기 맥주 있네?'라고 하죠. 그러면 아빠가 '먹고 싶어?'라고 물으시면, '아니야'라고 대답하지만, 저만의 기준을 가지고 지키는 편이기 때문에 나쁘지는 않다고 생각해요. 대신 소주는 못 마셔요. 아예 입도 대지 않죠.

연: 전도가 되려면 안 믿는 사람들과 접촉이 되어야 하는데, 크리스천들이 너무 차단하다 보면 그런 기회조차도 없는 것 같아요.

참A: 그런 게 너무 힘든 것 같아요. 술 가까이도 가지 말라고 하면, 오히려 너무 딱딱한 것 같아요. 그 안에서 자리가 있더라도 내가 헌신할 수도 있고, '얘는 크리스천이니까' 하고 더 존중해주지 않을까요? 오히려 그런 자리에서 주스를 먹으면서 노력하는 모습을 보면 그 사람들도 바뀔 수 있으니까요.

연: 크리스천임에도 우리와 함께하려는 모습이 보인다면, 기준이 분명하다면 오히려 더 나은 기회를 만들 수 있다는 거죠?

참A: 아, 그런 것 같아요.

연: 많이 피곤한가 보다. 신앙과 관련해서 소그룹 모임이나 기타 모임에는 잘 참석하고 있나요?

참A: 저희 OO홀 멤버들에게는 의무예요. (다 함께 웃음)

참A: 반강제 의무예요. (웃음)

연: 신앙 공동체 구성원들과의 친밀한 정도는 어느 정도인가요?

참A: 이보다 더 친할 수 있나요?

연: 소그룹 모임은 어떤 게 있어요?

참A: 그냥 모임이에요. 주일 예배를 드리고 나면 청년부는 청년부대로 모여요.

연: 그 시간이 충전이 되네요?

참A: 아, 충전도 충전이지만 힘들어요. 모임이 끝나고 OO홀에 가면 또 모임이 있어요.

연: 모임이 또 있어요? 기도 모임인가요?

참A: 3월부터는 성경 공부를 같이 하기로 했는데, 다들 집에 간 사람도 있고 해서 잘 모이지 않아요.

연: 거기서 리더는 누구예요?

참A: 언니들이랑 저랑 같이 해요. 서로 필요하거나 중요하다고 생각하는 의견이 있으면 다 같이 모여서 의논해요.

연: 생활 전반에 대한 의논도 하는군요.

참A: 원래는 한 언니가, 나이 많은 언니가 있었는데, 은* 언니라는 리더가 있어요. 거의 그분이 뒤에서 지켜보는 거예요. 잘 돌아가고 있는지 다음에는 우리가 알아서 하는 거죠.

연: 서로서로 알아서 하는군요. 여섯 번째 질문입니다. 나의 행동은 신앙적인 영역의 신성하고 초월적인 힘과 관련이 있다고 생각하나요? 은이를 인터뷰

하면서 은이가 기부에 대한 인식이 분명하게 서 있다는 걸 알게 되었어요. 지금 당장은 하고 있지 못하지만 이런 데 대한 꿈이나 계획이 있다면?

참B: 기부는 하고 싶죠.

연: OO 학교의 〈앙트십 프로그램〉을 통해서 훈련받았다고 하더라고요.

참B: 네.

연: 은* 씨는 앙트십 프로그램이 어땠어요?

참B: 앙트십 프로그램은 창업 교육이었어요. 창업 교육인데, 미션으로 너희에게 얼마만큼의 자금을 줄 테니 돈을 벌어오라는 거였어요. 우리 팀은 마사지를 해서 기부를 하려고 했었고, 은* 언니 팀은 실반지를 만들어서 했어요. 최종 금액은 우리가 기부하자고 해서 그렇게 된 거였어요. 기부 목적으로 한 건 아니었고요. 그리고 OO 학교에서 그런 활동을 했었어요. 학생들이 매달 용돈을 모아서 컴페티션에 기부를 했거든요. OO 학교에서 많은 것을 경험했죠. 모든 사람이 기부로 운영되는 학교다 보니까, 그런 곳에서 생활하다 보니 기부를 통해 이렇게 누릴 수 있는 거구나 하는 것을 자연스럽게 배우게 된 거예요. 또 받았으니까 내가 어느 정도 위치에 가면 기부를 해야겠다는 생각을 늘 자연스럽게 품게 되고, 후원의 밤을 통해 간접적으로 직접적으로 체험하다 보니 그런 마음이 있었던 것 같아요.

연: 앞으로 내가 사회적으로 좀 안정이 되면 영적이나 신앙적인 영역에서 하나님의 뜻 안에서 나 혼자 잘 먹고 잘 사는 것에만 만족하는 사람들은 아니잖아요? 사회에 어떤 영향력을 미치는 사람이 되고 싶은 건지 나눠볼 수 있을까요?

참B: 나보다 어려운 사람들이 있겠죠?

연: 탈북자 중에?

참B: 저는 탈북자든 아니든 상관없어요. 그런 사람들에게 도움을 주고 싶어요.

연: 인권을 지켜주고 싶고요.

참B: 네, 그 사람들의 권리도 지켜주고 싶죠. 영향력을 미치는 사람이 되고 싶어요.

연: 예* 씨는요?

참A: 이전부터 생각해 왔던 건데, 중국에 있는 탈북자들이 있잖아요? 그 사람들을 돕고 싶어요. 그분들도 헤어진 가족들이 많잖아요? 그분들을 도와줄 수 있는 루트가 있지 않을까, 하는 생각을 해봤어요.

연: 응.

연: 물질적으로도 도와주고

참A: 물질이 가장 크지 않을까요?

연: 상담도 있지. 경험도 나누고 여러 가지 후원에 대한 마음도 있네요.

참A: 컴페션은 사실 별로 와닿지 않고요.

연: 내가 경험한 것에 대한.

참A: 탈북자들이 어떻게 하나님께로 돌아올지 아빠가 지금 그런 일을 하고 계시니까 내가 그 영역에서 할 수 있는 일이 있지 않을까 생각해요.

연: 보탬이 되고 싶구나.

참A: 네. 보탬이 되고 싶죠.

연: 준비가 된다면?

참A: 준비가 되게 많이 필요할 것 같아요.

연: 흩어져 있는 사람들이 많고 탈북 고아들이 제3국에 많이 흩어져 있다고 하죠.

참A: 제가 대학교 가서 초에 들었던 생각이 진짜 북한 고아들, 상담사처럼 경찰이 되어서 청소년들 북한 청소년들이 혼자 왔거나 하면 도와주고 싶다는 생각도 해 봤어요.

연: 무연고 청소년?

참A: 한국에 온 북한 친구들이 자립할 수 있도록 돕고 싶다는 생각을 해본 거죠.

연: 무연고 탈북청소년을 대상으로 한 그룹홈도 있더라고. 비슷한 맥락인데 일곱 번째 질문은 나와 종교적 신념에서 내 삶의 특별한 의미를 발견하고 있나요? 있잖아. 비전도 거기서 나온 거고. 만약에 통일이 된다면 어떤 방식으로 왔으면 좋겠으며 통일 이후에 어떻게 기여하고 싶은지 생각을 해보았나요?

참A: 통일 이후에 어떻게 기여하고 싶냐는 거죠?

연: 통일이 어떤 방식으로 오면 좋겠다고…

참B: (웃음) 가장 평화적인 방식으로 오면 좋겠죠. 통일은 현실적으로 보면 평화적으로 오기가 쉽지 않을 것 같아요. 어느 한쪽이 꺾여서 들어와야 하니까 같이 맞추어서 살기에는 한국이 너무 잘 살고 북한은 못 살기 때문에 갭이 많이 넓어진 것 같아요.

연: 세대가 흐르면 흐를수록 그 차이가 더 커지겠죠? 어른들은 통일에 대한 갈망이 있는데…

참B: 설사 정치 쪽에서는 융합을 해보자, 이해를 해보자는 방향으로 가게 될지 모르겠지만, 주민들이 그게 안 될 것 같아요.

연: 어떻게 하면 좀 더 평화적인 통일이 이루어질 수 있을까요?

참B: (웃으며) 김정은이 죽으면요. 모르겠어요, 우리가 생각하는 평화적인 방법이 가능할지도 모르겠고.

연: 통일 독일이 보여준 케이스도 좋고요.

참B: 통일 독일은 분단 시기가 짧았고 예산도 적게 들었지만, 남북한은 그런 게 아예 안 되고, 북한은 너무 못살고 우리는 잘사니까 북한을 품어야 한다는 인식이 너무 있어서 통일을 비교하기는 어려운 상황인 것 같아요.

연: 아… 그렇네요.

참B: 통일 독일도 내면에 들어가 보면 동독 사람들이 차별받고 사회적으로 지위도 낮고, 몇 명이 대통령이나 총리를 하기도 했지만, 여전히 차별 문제가 남아있다고 해요. 한국에 비해 짧은 분단 시기를 겪고 빨리 통일했지만, 그런 문제가 남아있다는 말을 듣고, 아, 통일이 어렵구나. 사람들이 인식 차이가 없어지는 게 몇십 년 만에 회복이 안 되는구나, 하는 생각이 들어요. 그래도 통일은 해야 하고, 안 할 수는 없으니까요.

연: 통일이 되면 얼마나 강대국들이 자국의 이익을 추구할까요? 그 안에서… 진짜 우리 민족 간의 단합이 필요한 것 같아. 요즘 통일을 소재로 한 영화도 많이 나오던데, 〈강철비〉 봤어요?

참B: 네, 봤어요.

연: 너무 황당했지?

참B: 어이가 없었어요. 왜 살리려고 하는지 (웃음).

참A: 결론은 살리기 위한 거였어요.

참B: 뭐지? 싶었어요.

연: 뭔가 북한의 실상을 모르는 사람이 시나리오를 쓴 게 아닌가 하는 생각이 들었어.

참B: 뭐지? 마지막 결말이 핵을 반반 한다고 해서 뭘 하자는 거지? 되게 웃겼어요.

참A: 살리기 위해 그런 노력을 한다는 게 허황되고, 뭐지? 되게 웃겼어요. (참여자 AB 어이없다는 듯이 크게 웃음)

참B: 죽여도 못할 판에…

참A: (영화 내용이) 되게 아이러니했어요.

연: 비현실적이다? 아마도 다른 관점에서 통일 영화를 만들지 않을까 싶기도 하고요.

참B: 아, 진짜 통일이라는 게…

연: 내가 논문을 쓰다가 통일에 관한 관심이 생겨서 유튜브에서 찾아보니까 '가상 통일' 이런 게 되게 재미있더라 '김정은이 뒈져야 통일이 된다'라는 것도 있고.

참B: 그런데 〈강철비〉에서는 자꾸 살리려고 하잖아요.

연: 그치.

참B: 죽였으면 어떻게 됐을까?

참A: 그러게, 죽였으면 좋겠는데 자꾸 살려. 결국 살렸어 (웃음)

연: 만약 정말 그런 상황에서 살린다면 마음이 달라질까?

참A: 아니죠.

참B: 북한으로 돌아가면 똑같아지죠.

연: 영화에서는 이런 인간적인 관점에서 '감동받아 변할 것이다.' 하는 전제하에서 그랬는데

참B: 아니죠. 차라리 고문을 하는 게 낫죠. 몽둥이가 제격이죠.

참A: 아니, 죽을 사람들 내버려둬야죠. 다 죽이려고 하는 판에 정말 너무 해.

참B: 결말이 너무한다 싶었어.

참A: 핵을 반반 한다는 건 정말 말도 안 되는 결말이죠.

참B: 우리 한국 사람들 다 봤잖아요? 대체 뭐지 싶었어요.

연: 응응

참B: 코미디였어.

참A: 감독님 학교를 알아봐야겠어요.

참B: 아, 학교는 나왔을까?

참A: 대학 안 나왔을 것 같아.

연: 감동이 아니라 시나리오 쓴 사람이

연: 그런데 요즈음은 평창 올림픽이 남북이 문화적으로 스포츠로 교류를 하니까 피부로 좀 느껴지기도 하고 하지만 아직은 너무 모르는 것 같아. 북한의 실상에 대해서

참A: 아, 모르죠.

연: (웃음) 하여튼 몇 회기 나누어서 해야 할 면담이긴 한데 핵심 질문에 맞추어서 인터뷰했는데 시간 내줘서 정말 고마워요.

연구 노트

탈북 이후 한국 사회에서 대학생이 된 이들을 만나면서, 이들이 한국의 여느 대학생들과 다름없이 생기발랄하고 에너지가 넘친다고 느꼈습니다. 다만 북한에 대한 인식은 남한 사람들보다 더 냉철한 것 같았습니다. 오히려 한국 영화에 그려진 북한은 현실적 근거를 배제한 환상적인 면이 있다는 점을 지적했습니다. 그렇기에 통일 시대에 이들의 역할은 크다고 생각합니다. 통일 독일에 메르켈 총리가 있었던 것처럼, 통일 한국에도 이러한 리더십을 가진 지도자들이 반드시 필요할 것으로 생각합니다.

제2장 통일 토크쇼 : 통일 세대를 위한 관심과 기도

* 일시 및 장소 : 2017. 11. 12. (일) 14:30~15:50
* 인터뷰어 : L 목사
* 인터뷰이 : 북한OO 연구센터의 K 대표, 탈북민 출신 목사이자 탈북민
  을 섬기고 있는 G 목사, 채널A '이민갑'에서 활동 중인 탈북
  민 출신 연예인 K 씨, 인민군 선전예술단 아코디언 연주자 출
  신의 찬양 사역자 L 씨, M 학생(총 4인)
* 장소: 부산 OO 교회

지난 11월 12일, 재단법인 OO 주최로 부산 OO 방송의 후원 아래 통일 토크 콘서트가 개최되었습니다. 본 연구자는 통일에 대한 기독교적 관점을 이해하기 위해 이 행사에 참여하였습니다. 패널로는 북한의 현실을 활발히 전하고 있는 북한OO 연구센터의 K 대표, 탈북민 출신 목사이자 탈북민을 섬기고 있는 G 목사, 채널A '이민갑'에서 활동 중인 탈북민 출신 연예인 K 씨, 인민군 선전예술단 아코디언 연주자 출신의 찬양 사역자 L 씨와 M 학생이 참여하였으며, 특별 게스트로 OO 교회 담임목사이자 OO 이사장인 L 목사가 사회를 맡았습니다.

탈북민 목사의 증언에 따르면, 대한민국 정부나 단체는 북한 정권을 도와주면 북한 주민들이 도움을 받을 것으로 생각하지만, 이는 착각이라고 합니다. 북한 정권과 북한 주민은 철저한 노예주와 노예의 관계에 있다는 것입니다. 그는 북한을 종교집단이나 사이

비 종교 국가로 볼 수 있다고 주장합니다. 본 연구자가 인터뷰한 연구 참여자의 증언에 따르면, 북한에서는 적십자라고 표기된 쌀을, 돈을 지불하고 사 먹었다고 합니다.

또한, 북한에서 컴퓨터를 전공하는 사람들은 모두 해커로 활용된다고 합니다. 1980년대 후반부터 중국의 IT 기술이 전수되면서 개인이 철저하게 CCTV로 감시받고 있다고도 합니다. 한국 교회의 평양 과학기술대 지원은 복음이 빠지고 물질만 후원된 실패한 선교 사례로 평가될 수 있다는 보고도 있었습니다. G 목사는 평양 과기대 지원에 대해 철저하게 반대하는 입장을 가지고 있습니다. 북한의 인재는 해커가 되면 좋은 대우를 받으며, 평양 과기대에 들어갈 정도가 되면 최고의 엘리트로 양성되지만, 대부분은 해커로 외화를 벌어들이는 일에 종사하게 된다고 합니다.

탈북민들이 기독교를 접할 때, 성경과 십계명 등이 북한의 지도자 숭배 사상 체제와 너무 흡사하다는 의견이 있습니다. 복음이 들어가면 우상숭배 문제가 발생하기 때문에 북한 정권은 기독교를 철저하게 탄압한다고 합니다. 탈북 후 중국에서 복음을 받아들인 후 북송된 사람들은 지하교회 2세대를 이루고 있지만, 그 수를 파악할 수 없다고 합니다. 실제로 북한의 기독교인 1세대는 가족들에게조차 복음을 전할 수 없었다고 합니다.

> G 목사: 북한에는 지하교회가 존재합니다. 공식적인 교회가 아니라, 제가 말하는 교회는 조선로동당에서 가짜로 만든 교회가 아닌 진짜 교회입니다. 이 교회는 탈북 후 다시 북송된 분들이 자기들끼리 신앙을 지키고 있는 사람들로 구성되어 있습니다. 지하교회는 1세대와 2세대로 나뉘는

데, 1세대는 6·25 이전에 믿었던 사람들로, 김일성 시대에 심한 탄압을 받아 거의 모두 돌아가셨고, 남아 계신 분들이 거의 없습니다. 김일성 시대에는 자기 가족에게조차 신앙을 철저히 숨겨야 했습니다.

1세대는 완전히 지하에 잠복해 있었고, 돌아가셨기에 찾아보기 힘들지만, 지금은 김정일 시대에 들어서면서 고난의 행군으로 많은 사람들이 아사했습니다. 중국에서 목사와 선교사를 만나고 중국 교회를 통해 하나님을 만난 사람들이 모두 한국에 들어오는 것은 아닙니다. 아직 중국에 남아있는 사람들은 정말 하나님을 흠모하거나 진지하게 복음을 받아들이고 있습니다. 생명의 위협을 느끼는 사람들이 간절하게 복음을 받아들이지만, 북송되면 정치범 수용소에 수용되게 됩니다. (중략) 식사 시간에 얼마나 배가 고프겠습니까? 그런데 식사 시간에 밥을 안 먹고 한참 눈을 감고 있기에, 자신이 중국에서 기도한 모습과 너무 흡사해서 물어봤더니 (중략) 두 분이 우연히 만나서 기도하는 것이 지하교회입니다. 예배를 드리고 찬송하는 형태는 아니지만, 이런 집단이 지하교회라고 할 수 있습니다.

지금도 탈북자가 계속 나오고 있지 않습니까? 이분들의 신앙은 평범한 신앙이 아닙니다. 이런 분들이 계속 확장되고 있는 추세입니다.

K 씨: 저는 십 년 전에 탈북했는데, 중국에서 엄마와 헤어지고 엄마 없이 1년 정도 살았습니다. (몇 살 무렵이었어요?) 그때가 열일곱 살 무렵이었습니다. 그때 학교에 다녔고, 편의점에 갔었는데 할머니가 저를 불러내시면서 이렇게 말씀하셨습니다. "한국에 엄마가 있다. 기도해라. 한국이 왜 그렇게 잘 사는지 아니?" 하시기에 "왜 잘 살아요?"라고 물었더니, "한국은 하나님을 믿고 축복받은 나라다."라고 하셨습니다. 조선족 할머니였습니다. 그때 처음으로 '하나님'이라는 단어를 들었습니다. 너무 놀라서 정말 신이 존재하나 하는 생각을 했고, 그날부터 저녁마다 기도했습니다. 그런데 일주일 후에 엄마한테 연락이 온 것입니다. 그때 처음으로 '하나님이 살아 계시구나'를 알았습니다. (그때 기분이 어땠어요?) 제가 '혼자가 아니구나' 하는 걸 알았고, 정말 놀라웠던 것은 엄마 전화가 왔는데, 엄마도

하나님을 만나신 것이었습니다. 그리고 기도하는 법을 알려주셨습니다. 처음으로 하나님과 면담했던 것 같아요. (좌중 웃음)

(잠시 찬양 사역자 L 씨의 찬양 콘서트 시간을 가짐)

K 씨: (K 씨는 청소년으로 한국에 들어와 학교에 다니다가 대학에 입학하여 지금은 휴학 중인데, 한국의 탈북청소년들에 대해 뭐라고 말하고 싶나요?) 탈북청소년들은 '미리 온 통일'이라고 할 수 있습니다. 제가 처음 한국에 왔을 때 정말 막막했어요. 열아홉 살에 한국에 왔고, (몇 학년으로 들어갔나요?) 초등학교 1학년으로 들어갔습니다. 그때 정말 막막했는데, 한국에서 나고 자란 친구들은 영어를 잘 알잖아요. 저는 열아홉에 영어를 처음 접하면서 너무 힘들었습니다. 학원에 갔더니 할머니, 할아버지, 그리고 학교 친구들이 너무 잘하는 거예요. (중략) 제가 탈북청소년들에게 말해주고 싶은 것은 멀리 보지 말고 당장 할 수 있는 것을 하는 것이 막막하지 않을 것 같다는 것입니다. 정말 감사했던 것은, 저 같은 경우는 학교에 바로 적응을 못 했습니다. 용어를 못 알아듣는데, 대안학교인 여명학교에 들어가서 처음부터 시작했죠. 그 학교에서 고등학교 과정을 보내면서 배웠던 것은 가치도 모르고, 제가 왜 북한에 태어났는지도 모르고, 내가 선택받은 사람이며 귀한 통일의 씨앗이라는 것을 몰랐습니다. 그 과정 안에서 꿈을 가지게 되고, 교회에 다니게 되고, 하나님을 믿게 되면서 북한 사람들을 바라보았을 때 불쌍하다는 마음을 가지게 되었고, 친구들 생각도 나고요. 믿음 안에서 자라는 것이 얼마나 중요한지 깨달았습니다.

G 목사: 언젠가는 통일이 되는데, 대한민국을 아는 사람이 북한을 아는 사람이 북한으로 가서 변화시켜야 하지 않겠습니까? 북한의 소외된 사람들이 대한민국에 와서도 소외받아서는 안 됩니다. OO 학교 같은 곳이 아이들을 인재로 키워내야 합니다. 후배 중에 대안학교를 나와서 미국의 컬럼비아대학을 졸업하고 인재로 성장하고 있는 사람이 있습니다. (중략) 통일은 어떻게 준비되느냐에 따라 준비된 통일이 될 것으로 생각합니다. (중략) 우리 기독교가 준비해야 합니다. (중략) 복음이 들어가면 통일은 자연스럽게 이루어질 것입니다. (중략) 한국 교회가 어떻게

깨어나느냐에 따라… 김일성 가족의 역사가 북한의 역사입니다. 북한 역사를 공부하면서 철저하게 깨달은 것입니다. (중략) 눈물을 흘리며 씨를 뿌리는 심정으로 기도하면 통일이 이루어질 것입니다.

M 학생: (한국 학교와 북한 학교의 차이점이 뭐예요?) 가장 큰 차이점은 선생님들의 교권이 많이 다르다는 것입니다. 한국에서는 인권 때문에 그런지 모르겠지만, 옛날에는 한국에서도 그랬겠지만, 북한에서는 교권이 강합니다. 제가 있을 때는 많이 맞고 자랐는데, 그게 한국과 북한의 큰 차이점인 것 같습니다. (북한에서는 선생님이 담임이 한 번 되면 졸업할 때까지 담임이지요?) 네, 초등학교에 입학하면 담임 선생님이 졸업할 때까지 같습니다. 교육 방식도 좀 다른 것 같은데, 북한에서는 주입식 교육이 많아서 무조건 외우라고 합니다. 한국에서는 외우는 것도 있지만, 스스로 생각하도록 능력을 키워주는 것이 좋은 것 같습니다. 제가 북한과 남한을 이어주는 프로듀서, 영화감독이 되는 것이 제 꿈입니다. (예수를 믿고 신앙생활을 하면서 M 군이 가장 바라는 소원이 있다면 무엇이 있을까요?) 북한의 옛 친구를 만날 수 있게 되길 바랍니다.

K 대표: (통일에 대한 준비, 한국의 기독교인들을 보면서 한국 교회가 어떻게 하면 통일이 될지 얘기해 주십시오) 앞에서 G 목사님께서 많은 말씀을 해주셨는데요, 저는 저희 또래 청년들, 즉 수용소에서 만난 친구들 사이에 북한 정권에 대한 굉장한 분노가 있다는 점을 강조하고 싶습니다. 우연한 기회에 1989년도에 한국 방송을 청취하다가 충격을 받았어요. 처음에는 믿기지 않았습니다. 그 방송에서 말하는 내용을 들어보니 논리적으로 맞더라고요. 전쟁이라는 것이 선제공격을 받으면 (중략) 북한이 정말 선제공격을 받았다면 폭삭 망해야 하는 건데, 그렇지 않았잖아요. 제가 그 사실을 아는 순간 배신감을 느껴 친구들과 반정권 단체를 만들었습니다. 그때 부른 한국 노래가 백 곡은 됩니다. '돌아와요 부산항에', '노란 셔츠 입은', '옛 시인의 노래', '개똥벌레' 같은 노래를 부르면서 진짜 대한민국을 좋아하게 되었고, (그 노래를 들을 때 뭐가 한국이 좋았어요?) 제 친구들은 남한 노래를 못 부르면 촌놈 취급을 했어

요. (25년 전에요?) 네, (그때 어디에서 놀았지요?) 평양에서 쫓겨나 요동 지방을 왔다 갔다 했습니다. 정말 깨어 있는 친구들은 한국 노래를 부르곤 했어요. (중략) 북한 정권이 제일 싫어하는 사람 중 하나가 저입니다. 제가 한국에 내려왔으니, 처음에 북한 정권을 알리는 일을 했고, 2008년부터 북한 내부에 한국 드라마와 영화 등을 넣기 시작했습니다. (참고로 K 대표가 이런 일을 계속하니까 미국 정부가 이런 일을 지원하고 있습니다) 한국 내에서 국민들의 힘으로 모금을 해서 지금은 미국에서 후원받아 이 일을 하고 있습니다. 앞으로는 한국 교회가 후원하여 성경책을 USB에 담아 보낼 수 있습니다. 보통 32기가 정도로 해서 천 개씩 가져갑니다. (어떤 식으로요?) 트럭에 USB를 담아가서 시장에 가서 뿌리면 장마당 길바닥에 뿌리면 새벽에 꽃제비들이 와서 주워갑니다. 이 아이들은 USB가 30달러의 가치가 되기에 생계비가 해결됩니다. USB 안에 영화와 드라마를 담아서 흩뿌리면 흔적이 남지 않습니다. 보위부 요원들이 잡아도 알 수가 없어요. 중국 애들이 많이 들어오니까 한 개의 USB가 천 개, 만 개로 복사됩니다. 복사해서 팔아먹는 사람들도 있습니다. (중략) 김정일이 남한 사극을 너무 좋아해서 '계월향'이라는 사극을 만들었습니다. 한국에 임진왜란 때 논개가 있다면 평양에는 계월향이라는 기생이 있어 드라마를 만들었는데, 북한 사람들이 그 드라마를 보다가 너무 한심해서 남한 드라마를 보다가 김정일 본인도 한심해서 중간에 방영이 중단되었습니다. 북한 사람들의 수준이 많이 올라갔습니다. (선교적 측면에서 한국 교회가 북한 선교 전략을 어떻게 준비하고 있나요?)

G 목사: 한국 국민들이 북한에 대해 너무 모릅니다. 탈북자들이 북한과 내통하는 유일한 끈입니다. USB를 주운 아이들이 생활하는데 (중략) 한국 교회 기독교 문화를 USB에 담아 찬양과 주일학교 만화 성경 내용을 잘 다듬어서 보내면 북한 사람들이 그 안에서 복음을 접할 수 있습니다. 사람이 바뀌는 것은 신학, 즉 복음밖에 없습니다. 아무리 공부를 많이 해도 근본이 바뀌지 않지만, 복음은 사람의 근본을 바꿉니다. 북한 사람들이 복음 안에서 변화되면 빵을 달라고 하지 않고 '신앙의 자유를

달라'라고 외칩니다. 그래야 평화가 시작됩니다. 저 북한 사회를 변화시키기 위해서는 먼저 북한과 연결되는 탈북자들이 중요합니다. (중략) 우리 조국 교회는 북한 선교를 많이 한다고 하지만 결실이 없습니다. 한국 교회는 세계 선교는 많이 하면서 민족 선교는 하지 않습니다. OOO은 탈북민 목회자와 탈북 신학생으로 구성되어 있는데, 중국에 있는 탈북자들을 한국으로 데려오고 복음적 메시지를 USB에 담아 보내는 일을 하고 있습니다. 현재 우리나라에 와서 목사가 된 탈북민은 지금까지 19명입니다. 이들이 한국에 와서 목사가 된 경우는 없습니다. 모두 중국에서 복음을 접하고 신학을 받아들인 사람들입니다. 복음으로 산다는 것은 중국에서 진실하게 하나님을 만났기 때문에 북한 선교를 위해 헌신할 수 있게 된 것입니다. 조국 교회가 관심을 가져야 합니다.

중국에 탈북민이 약 15만 명 정도 있습니다. 대부분 80%가 여성입니다. 남성들은 숨어 있을 데가 없습니다. 여성들은 인신매매로 팔려 가고 숨어 있을 수 있습니다. 한국에 오니까 위안부 문제가 지금도 아픈 역사로 남아있지 않습니까? 다시 그런 역사를 되풀이하면 안 된다고 하지 않습니까? 탈북 여성들이 지금은 위안부입니다. 중국 남성들이 데리고 가서 짐승처럼 다룹니다. 대한민국이라는 조국이 있고 교회가 있는데, 조국 교회가 정말 하나님 앞에서 말씀 속에서 깨어나 이 일을 해야 합니다.

(북한 안에 정보를 집어넣고 북한에 있는 탈북민들을 돌보는 일들을 하고 있다고 볼 수 있죠. 그러면 한국 교회가 실제로 통일 한국, 북한을 위해 할 수 있는 일이 얼마나 있을지 나누는 시간을 가지도록 하겠습니다.)

K 씨: 저는 제일 먼저 기도가 중요하다고 생각합니다. 그 기도가 쌓이고 쌓여서 통일될 거라고 믿습니다.

K 대표: 북한 내부에서 싸우든 굶주리든 어떻든 내버려두는 것은 가짜 평화라고 생각합니다. 평화라는 것은 그들이 사람답게 살아가도록 만드는 것

이 아니겠습니까? 기도하고 북한 주민들이 스스로 깨달을 수 있게 우리 교회가 그런 쓸데없는 과기대 같은 데 투자하지 말고 북한 주민들에게 제대로 된 (복음을 포함한) 정보를 보내야 합니다.

G 목사: 현재 남북한의 상황은 정치적 싸움이 아니라 영적인 전쟁입니다. 감리교회가 많이 앞장서고 있지만, 지금 당장 할 수 있는 것은 먼저 온 탈북민들이 제대로 잘 설 수 있도록 기도하고 돕는 역할을 하는 것입니다.

I 목사: 북한의 현실과 실체, 그리고 북한 주민들을 어떻게 조정하고 있는지, 한국 교회가 그들을 돕기 위해 할 수 있는 일이 무엇인지 말씀드리겠습니다. 통일 독일의 수상이 동독 출신이라는 점이 중요합니다. 동독 사람이 수상이 되어 동독 국민들이 모두 돕고 기뻐한다는 사실을 잊지 말아야 합니다. 우리가 모든 것을 차지해서는 안 됩니다. 우리 탈북자 중에서도 메르켈 같은 총리가 나와야 한다고 생각합니다. '북한 사람이 총리가 되었는데 우리가 도와야 하지 않겠는가!' 북한 사람들이 이렇게 말할 수 있어야 합니다. 그래서 청소년을 키우는 것이 중요합니다. 자라나는 통일 세대를 위해 힘을 쓰고 기도하며 관심을 가져야 한다는 점을 강조하고 싶습니다.

이상은 재단법인 OO 주최, 부산 OO 방송 후원으로 개최된 통일 토크 콘서트에서 본 연구자가 통일에 대한 기독교적 관점을 이해하기 위해 참가하여 녹취한 내용을 요약 정리한 것입니다.

‖ 참고문헌

강동원(2015). 엄마의 엄마(2015), 너나드리 출판사.

강용원(2014). 통전적 기독교교육과 상담 사역. 서울: 기독 한교.

임창호(2011). 기독교 교육 목적의 하나로서 그리스도인의 인간성 문제 고찰. 기독교 교육논총, 26: 213-238.

남북하나재단. http://www.koreahana.or.kr

통일부 홈페이지. http://www.unikorea.go.kr

○ 저자소개

전주람 (Jun Joo-ram) ramidream01@uos.ac.kr

서울에서 태어나 성균관대학교에서 가족학(가족관계 및 교육, 가족문화)으로 박
사학위를 취득하였습니다. 2017년 7월부터 2019년 6월까지 서울시립대학교 교
육대학원에서 교수학습 · 상담심리 연구교수로 재직하였으며, 현재는 서울시립대
학교 교직부 소속으로 〈심리검사를 활용한 심리치료〉와 〈심리학의 이해〉를 가르
치고 있습니다. 또한 서울가정법원 상담위원으로 2014년부터 현재까지 활동 중
이며, 2022년부터는 통일부 통일교육위원으로도 활동하고 있습니다. 지속적인 연
구 관심사는 가족관계, 심리상담, 문화 갈등, 남북 사회통합 등입니다. 주요 논문
으로는 「50~60대 북한이주남성들의 일 경험에 관한 질적 사례연구: 일의 심리학
이론을 중심으로」, 「20대 이혼을 결심한 신혼기 부부에 관한 가족치료 사례연구」,
「북한이주민과 근무하는 남한 사람들의 직장 생활 경험에 관한 혼합연구」 등 60
여 편이 있으며, 저서로는 『절박한 삶』(2021년 서울대학교 다양성위원회 선정도
서), 『21세기 부모 교육』(2023년 세종도서 학술부문 선정도서), 『북한이주민과 지
역사회복지』(2024년 학술원 우수학술도서 선정도서), 『공감을 넘어, 서로를 잇다』
(2024) 등이 있습니다. 2016년 KBS 〈생로병사의 비밀: 뇌의 기적〉 600회 특집에
부부상담사로 출연하였고, 2021년 KBS 통일열차 일요초대석, 2024년 국립통일교
육원 〈통일 책방 함께 읽는 통일 시즌2〉와 2024년 BBC Korea에도 출연한 바 있
습니다.

김은희 (Kim Eun-hee) maeum5454@naver.com

부산에서 태어나 고신대학교에서 박사학위를 취득하였습니다. 부산광역시 청소년 상담복지센터에서 12년째 상담을 하며 박사 과정을 진행하던 중, 박사논문 연구 참여자를 '탈북청소년'으로 정하게 되었습니다. 청년 시절부터 북한에 관한 관심이 있었고, 부산에 OO 학교가 있다는 사실을 알고 신선한 충격을 받았습니다. 당시 OO 학교 교장으로 계시던 임창호 교수님의 도움을 받아 다양한 계층의 탈북민들을 만났습니다. 탈북민 1호 목사인 강철호 목사님을 비롯하여 성인 5명, 청소년 9명을 만나 인터뷰를 진행하며 분단된 한국 현대사의 과업에 대해 명확하게 알게 되었습니다. 부산시 청소년 상담센터에서 다양하고 풍부한 상담 경험을 쌓은 후, 국방부 병영생활 상담관으로 공군과 육군에서 근무한 경험이 있습니다. 또한 부산 가정법원에서 면접 교섭 상담관으로 2년간 근무하였습니다. 현재 부산 북구 지역에서 〈마음 심리상담연구소〉를 운영하고 있습니다.

청소년 시절부터 문학에 관한 관심이 높아 현재 시인, 수필가로 등단하여 문학 활동을 꾸준히 하고 있습니다. 언젠가 기회가 된다면 소설가로도 등단하고 싶습니다. 논문을 준비하며 인터뷰한 풍부한 경험을 바탕으로 책을 쓰고 싶었습니다. 올해 초 서울시립대학교 전주람 교수님의 공저 제안을 받고 부끄럽지만, 기꺼이 승낙하였습니다. 생존하는 심리치료자 중 어빈 얄롬(Itvin David Yalom)을 가장 존경합니다. 저도 심리학과 종교, 문학적 글쓰기를 통합하는 한국의 얄롬 같은 심리치료자가 되고 싶습니다. 삶과 죽음에 대한 호기심, 인간에 대한 깊은 관심과 애정이 저를 50대에 심리상담 전문가로 만들어 놓은 것 같습니다. 한강이 노벨 문학상을 받은 영예로운 해에 전주람 교수님과 함께 제 생애 첫 책을 쓸 수 있어 기쁩니다. 한국인의 위대한 저력이 '통일 한국 시대'에는 더욱 빛을 발할 것이라 믿어 의심치 않습니다.

북한출신 청소년 및 청년들의
기독교 영성 체험 내러티브

초판인쇄 2025년 02월 28일
초판발행 2025년 02월 28일

지은이 전주람 · 김은희
펴낸이 채종준
펴낸곳 한국학술정보(주)
주   소 경기도 파주시 회동길 230(문발동)
전   화 031-908-3181(대표)
팩   스 031-908-3189
투고문의 ksibook1@kstudy.com
등   록 제일산-115호(2000. 6. 19)

ISBN 979-11-7318-275-4 93230